贵州省农业产业化经营创新模式研究

徐大佑　汪延明　著

贵州财经大学工商管理重点学科资助成果

科学出版社
北京

内 容 简 介

本书以贵州省为例，介绍农业经济的发展现状和趋势，共分为11章，通过实地调研的方式，揭示现有农业开发企业在发展中存在的问题及政策需求，探索适合山地农业的不同类型农业开发企业经营管理模式，寻找适合贵州省乃至整个西南地区农村经济现状的龙头企业发展之路。本书非常注重内容的真实有效性，使用大量的数据和图表进行阐述和分析。另外，在本书的最后还附有实地调研的相关问卷和分析报告，以便读者阅读和借鉴。

本书既可以作为普通高等院校农林管理专业本科、研究生教学参考，亦可作为该领域专家学者科学研究的参考资料。

图书在版编目（CIP）数据

贵州省农业产业化经营创新模式研究/徐大佑，汪延明著. —北京：科学出版社，2016.8
　ISBN 978-7-03-048987-6

Ⅰ.①贵⋯　Ⅱ.①徐⋯　②汪⋯　Ⅲ.①地方农业经济–产业化经营–经济发展模式–研究–贵州省　Ⅳ.①F327.73

中国版本图书馆 CIP 数据核字（2016）第 141245 号

责任编辑：马　跃 / 责任校对：张怡君
责任印制：霍　兵 / 封面设计：无极书装

科学出版社出版
北京东黄城根北街 16 号
邮政编码：100717
http://www.sciencep.com

新科印刷有限公司　印刷
科学出版社发行　各地新华书店经销
＊

2016 年 8 月第 一 版　　开本：720×1000 1/16
2016 年 8 月第一次印刷　　印张：11
字数：222 000

定价：72.00元
（如有印装质量问题，我社负责调换）

前　言

我国西部地区由于各种条件限制，不管是农业开发中的龙头企业，还是农业产业化的经营实践，发展都相当缓慢，像贵州这样的落后省区深入、系统研究农业产业化发展和龙头企业发展规律的工作还相对滞后。因此，加强对二者发展现状问题内在联系及相关政策的研究，具有重要的理论意义和现实意义。

我们基于"传统农区农业组织变迁与农业效率研究"和"培育龙头企业，促进贵州省农业产业化发展的对策研究"，围绕六个方面对贵州省农业产业化经营问题进行系统研究：一是对生态农业与特色农业开发企业的调查，揭示现有农业开发企业在发展中存在的问题及政策需求，揭示不同类型的农业开发企业对农业产业化经营的带动作用与带动模式；二是通过各种类型农业开发企业经营管理模式的比较研究，揭示不同诞生途径的农业开发企业的经营优势和经营状况的差异，从而寻找适合贵州省农村经济现状的龙头企业发展之路；三是农业产业化经营中的主要问题与龙头企业的发展对策；四是龙头企业、农业产业化经营发展与农村劳动力的合理转移；五是龙头企业的发展壮大、农业产业化对农民收入的影响；六是培育龙头企业发展，促进贵州省农业产业化经营的基本措施或对策建议。目的是寻找农业产业化龙头企业培育的最佳方式，探索龙头企业健康发展的外部条件，揭示农村土地流转、龙头企业与农业产业化经营的内在联系，研究并发现农业产业化经营的最佳组织模式。

随着十八届五中全会的召开，"创新、开放、协调、绿色、共享"的理念为经济发展提供了新思路。贵州省有着得天独厚的资源禀赋，绿色农业作为贵州省主导产业迎来了新的发展机遇，贵州省农业产业化经营亟须创新发展。立足贵州省农业产业化发展现实，将前期的研究成果梳理成书，及时出版，在社会实践和理论层面都具有深刻意义。

编　者

2016年2月2日

目 录

第1章 贵州省农业产业化经营调查 ··· 1
  1.1 贵州省传统农区的经营现状 ·· 1
  1.2 当前贵州省农业产业化经营情况及存在问题 ························ 4
  1.3 当前农业产业化龙头企业政策需求 ··································· 11
  1.4 不同类型的农业开发企业对农业产业化经营的带动模式与带动作用 ·· 15

第2章 农业经营组织和经营模式理论创新研究 ····························· 21
  2.1 农业经营组织与模式相关研究 ·· 21
  2.2 农业经营组织与模式的特征 ·· 23
  2.3 农业经营组织和经营模式的理论基础 ································ 24
  2.4 欠发达地区农业经营组织与模式的理论创新 ······················· 27

第3章 中国传统农区农业经营组织创新研究 ······························· 29
  3.1 中国中东部较发达地区农业经营组织的现状 ······················· 29
  3.2 中国西部传统农区农业经营组织的现状 ···························· 31
  3.3 中国西部农业经营组织的探索创新 ·································· 32

第4章 中国西部传统农区农业经营模式创新研究 ························· 40
  4.1 农业经营模式的变革 ··· 40
  4.2 西部传统农区农业经营模式的现状和不足 ·························· 42
  4.3 中国西部传统农区经营模式创新 ····································· 44

第5章 中国西部传统农区农业经营组织和经营模式选择及构建路径研究 ·· 48
  5.1 中国传统农区农业经营组织和经营模式 ···························· 48
  5.2 中国西部传统农区农业经营模式的选择 ···························· 50
  5.3 中国西部传统农区农业经营模式的适应条件和构建路径 ········· 52

第6章 农业经营组织和经营模式创新的制度设计研究 ···················· 57
  6.1 农业经营组织和经营模式创新制度相关概念 ······················· 57
  6.2 中国农业经营组织和经营模式的制度设计的演变和现状 ········· 59
  6.3 中国农业经营组织和经营模式的制度设计的问题和需求 ········· 62

  6.4 农业经营组织和经营模式创新的制度设计的相关研究 ……………66

第7章 农业龙头企业经营模式及选择 ……………………………………71
  7.1 龙头企业与农业产业化 ………………………………………………71
  7.2 农业龙头企业经营模式 ………………………………………………72
  7.3 农业龙头企业经营组织运营的基本原则 ……………………………80
  7.4 农业龙头企业经营模式的选择 ………………………………………82

第8章 农业产业化经营中的主要问题与龙头企业的发展对策 ……………83
  8.1 当前农业产业化经营存在的主要问题 ………………………………83
  8.2 龙头企业的发展对策建议 ……………………………………………88

第9章 农业产业化与农村剩余劳动力的合理转移 ………………………94
  9.1 农村剩余劳动力内涵 …………………………………………………94
  9.2 农村剩余劳动力的转移 ………………………………………………96
  9.3 传统农业条件下剩余劳动力转移 ……………………………………99
  9.4 农业产业化经营吸收农村剩余劳动力的效果 ……………………101
  9.5 龙头企业在剩余劳动力转移中发挥的作用 ………………………104

第10章 农业产业化带动农民增收情况 ……………………………………107
  10.1 农民增收与龙头企业在农业产业化中地位 ……………………107
  10.2 龙头企业对农民增收的带动作用研究 …………………………109
  10.3 当前贵州省农业产业化与农民增收存在的主要问题 …………123
  10.4 进一步发展农业产业化，推动农民增收的政策建议 …………125

第11章 农业产业化经营的基本措施和对策建议 …………………………127
  11.1 当前中国农业产业化龙头企业政策需求与政府政策落实情况分析…127
  11.2 贵州省农业产业化经营的基本措施及对策 ……………………130

参考文献 …………………………………………………………………………139

附录A：农业经营组织和经营模式调查大纲 …………………………………145

附录B：西部传统农区农业经营组织和经营模式调查表（A卷） ……………147

附录C：西部传统农区农业经营组织和经营模式调查表（B卷） ……………149

附录D：西部传统农区农业经营组织和经营模式调查表（C卷） ……………153

附录E：基础数据分析报告 ……………………………………………………158

后记 ………………………………………………………………………………168

第1章 贵州省农业产业化经营调查

在贵州省传统农区县市，选择13个具有代表性的的农业经营组织及经营模式作为调查对象。一共发放三种类型调查问卷，分别是面向农业专业大户的A卷、面向农业专业合作组织的B卷，以及面向农业龙头企业的C卷，分别回收有效问卷59份、40份、37份。本次研究使我们从整体层面上把握贵州省传统农区的经营现状，并发现其现阶段存在的问题，从而加深已有的认识。

1.1 贵州省传统农区的经营现状

1.1.1 贵州省传统农区的主要经营模式

经过实地调研走访，发现在贵州省13个具有代表性的传统农区县市的组织经营模式中，主要采用公司+合作社+农户、公司+基地+合作社+农户、专业协会+农户、合作社办公司+农户、基地+农户、公司+农户、公司+专业协会+农户的模式，分别占26%、21%、21%、12%、12%、4%、4%；由此可见，经营模式主要是以"公司+农户"为基准进行延伸，我们基于出现频率较高的"公司+合作社+农户"、"公司+基地+合作社+农户"与"专业协会+农户"三种典型的经营模式，探讨贵州省传统农区的经营模式特点。

1. 公司+合作社+农户

合作社是一个具有自己的办社宗旨和目的、特有的组织原则和章程，每一个加入合作社的成员都有其履行的义务及权利的群众性经济组织（康云海，1998）。合作社的运作和企业一样，是高级形态的专业协会。贵州省的农业企业主要采取龙头企业+合作社+农户的运营方式，合作社与农业产业化经营企业联合，外部与具有优质产品品牌和营销渠道的企业相联系，内部带动广大农户扩大生产规模，在组织及分配生产资料上实现统一化，合理地处理生产、组织运输、包装、贮藏、加工等环节，转变农户零散、对市场不敏感的市场困境，保障农户利益的同时，壮大企业自身，起到优势互补的作用。

2. 公司+基地+合作社+农户

农产品基地要在种植的区域化、规模化及专业化的考虑下建立，企业可以通过土地流转、自有土地的建设，做好示范性基地生产，带动农户生产，提高技术试验的空间，提高企业与农户收入（刘初旺等，2003）。与公司+合作社+农户的经营模式相比，公司+基地+合作社+农户模式具有更高的规模化、专业化水平，企业销售网络构建也更为完善。

调研中发现，对于专业合作经济组织的发展，长顺县发展效果较好，截至2011年年底，该县已具有46个农民专业合作经济组织，吸纳社员1 560户共2 849人，注册资金1 187万元。以威远生姜专业合作社、长顺县鼓扬绿壳蛋鸡养殖专业合作社等为代表的专业合作经济组织均建立起产供销服务体系，在信息服务上可以保证及时性、有效性，减少农户承担的风险，成功地解决了农户零售与市场需求之间的供需不平衡的问题。

3. 专业协会+农户

专业协会是一种自发组织形式，以农村家庭承包经营为基础，保持现有的生产关系，维护农民的财产关系（朱湖根，2007）。专业协会+农户模式是一种不改变农户最敏感的土地承包关系的简单模式，在保护农民利益、开展技术服务、提高农民素质、积极开展产供销服务、改善企业原材料的稳定性和有序性等方面具有积极作用。

1.1.2 经营模式存在的主要问题

1. 合作社

管理制度不健全。调研发现，大部分合作社都是在民政部门或一些技术部门登记，在工商部门登记的合作社寥寥无几，甚至一些合作社并没有登记注册，以民间组织形式脱离法律的约束，同时，还有一些合作社和社员之间并没有确立合同关系。这些管理不规范既危害了合作社本身的权利和义务，也给农户本身的利益造成一定的损失，从而影响了公司经营模式的发展。

2. 基地

基地发展规模较小。农产品基地的建立，需要大量的人力、物力和财力；先进的技术手段以及设备的健康运作，需要以农产品的规模化经营为基础（王颖，

2011）。而目前主要是县级龙头企业采取公司+基地+合作社+农户的模式，资金实力有限的小企业难以运作产品基地，难以实现产业化经营。

3. 专业协会

服务水平低，与市场结合不紧密。由于专业协会具有自发性，很多专业协会与相应的制度及法律不相符。另外，对社员的进出缺乏规范化管理，绝大多数组织没有对新老社员进行划分，门槛相对较低（罗雪中和潘志强，2006）。最终结果是专业协会内部人员素质差异悬殊，服务水平偏低，市场需求捕捉能力低，信息反馈不及时。因此，为了提高专业协会的服务水平，需要社员自身提高技术及市场素质，迅速捕捉市场变化；另外，在专业协会本身受限的情况下，政府应当给予专业协会适当补助与技术指导，使专业协会真正做到"民建、民管、民受益"。

1.1.3 企业典型性研究——以贵州恒霸药业有限责任公司为例

贵州恒霸药业有限责任公司成立于1995年，以研究开发我国传统医药，尤其是苗族医药为主，公司涉及中药材种植、中药饮片加工、制药、医疗保健和科研等领域。

2010年，贵州恒霸药业有限责任公司与旗下子公司松桃华源中药材种植有限公司联合实施贵州省中药现代化科技产业研究开发专项项目。为了促进该项目实施，贵州恒霸药业有限责任公司在松桃县正大乡建立40亩（1亩≈667平方米）白术良种繁育基地、60亩白术规范化示范种植基地，将该项目研究技术在1 000亩白术生产基地示范推广，带动了300户左右的农户脱贫致富，在当地农业产业结构调整、山区经济发展及环境生态改善方面起到积极的推动作用，真正发挥了服务"三农"、服务社会的作用。目前，该项目已顺利实施，建立了贵州省最大乃至全国最大的白术种植资源圃。贵州恒霸药业有限责任公司采用典型的"公司+基地+农户"经营组织模式，公司通过为农户提供技术指导，拓宽销售渠道，签订保护价格协议，更好地保障了农户利益。同时，公司通过构建全国最大的白术种植资源圃，来实行公司的品牌战略，在促进企业的社会效益及生态效益方面做出更多的贡献。

曾福生（2011）总结归纳了三种农业经营形式，即家庭（农户）经营、集体经营、合作经营；四种农业经营方式，即规模经营、集约经营、粗放经营、精细化经营；而农业经营模式根据规模与集约程度两个维度划分为四种经营模式，即分散粗放、规模粗放、分散集约与规模集约。贵州恒霸药业有限责任公司主要采用了规模粗放与分散集约结合的经营模式，兼顾了农户利益与公司品牌之间的关系，为我国西部传统农区在经营组织和经营模式创新上提供了一定的借鉴意义。

1.2 当前贵州省农业产业化经营情况及存在问题

1.2.1 企业基本情况分析

2009年4月至8月，针对贵州省农业产业化经营发展情况，对省内87家企业和部分县、乡政府及农业部门利用调查问卷和座谈访问法相结合的调查方法进行了较为系统的调查。其中，铜仁市作为传统的农业大区，我们采取普查的方式对该市87家省级和地级农业产业化龙头企业进行问卷调查，并对其中的20家企业进行实地调查。而在贵阳市、遵义市、黔东南苗族侗族自治州、黔南布依族苗族自治州等地主要采取了典型调查。本次调查的目的是寻找农业产业化龙头企业培育的最佳方式，探索龙头企业健康发展的外部条件，揭示农村土地流转、龙头企业与农业产业化经营的内在联系；研究并发现农业产业化经营的最佳组织模式；同时为省委省政府及省级相关部门提供参考意见。

本次问卷调查，共设计了54个问题，其中封闭型问题50个，包括单选33个、多选17个，另有4个开放型问题。调研样本为87个，现根据调研结果就问卷问题进行初步统计分析，如表1-1所示。

表1-1 公司注册类型

	公司注册类型	数量/家	百分比/%	有效百分比/%	累积百分比/%
有效	国有企业	4	4.6	4.7	4.7
	集体企业	2	2.3	2.3	7.0
	股份合作企业	3	3.4	3.5	10.5
	有限责任公司	60	69.0	69.7	80.2
	股份有限公司	6	6.9	7.0	87.2
	私营企业	11	12.6	12.8	100.0
	合计	86	98.9	100.0	
缺失	系统	1	1.1		
	合计	87	100.0		

从图1-1和图1-2中可以看出，被调查的87家企业主要是有限责任公司，占总体的69.0%，其次是私营企业，与其他成分的公司注册类型加总才占31.0%的比例。此外，在调查企业中本地投资企业占82%，共为62家；相比之下外省投资企业要

少得多。

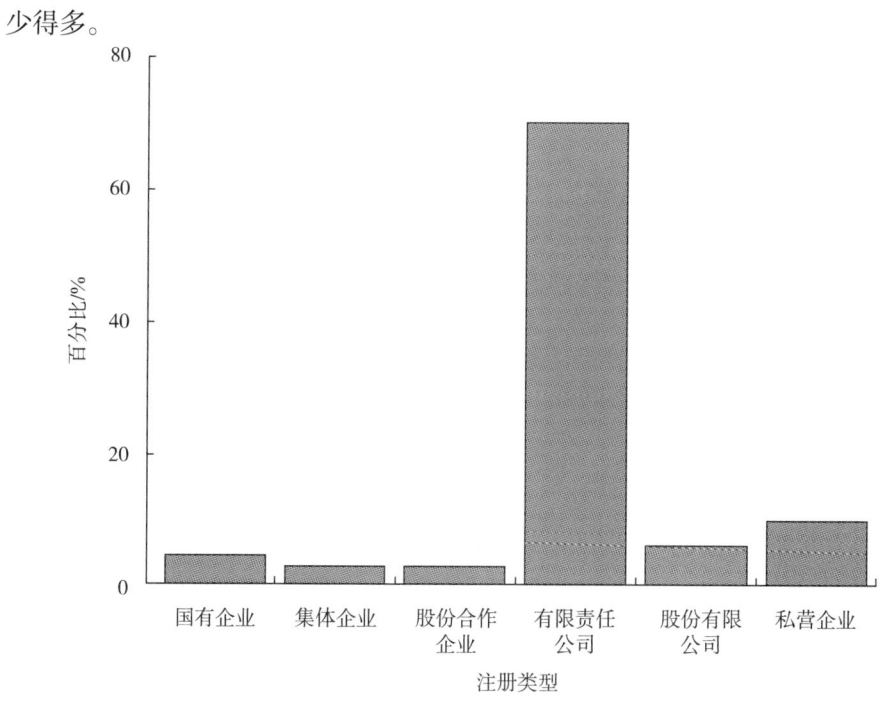

图 1-1 贵州省农业企业注册类型

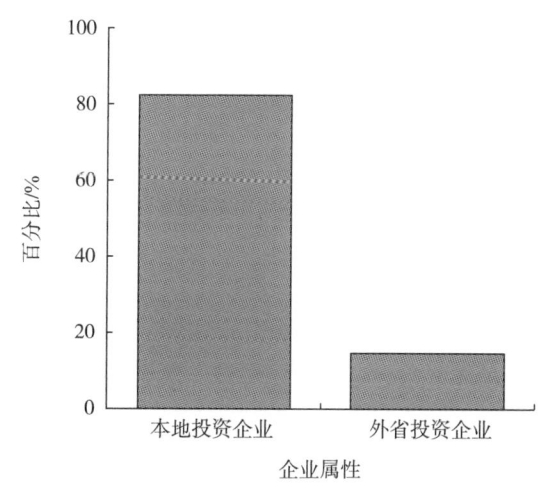

图 1-2 贵州省农业企业属性

从图1-3和图1-4可以看出，在调查企业中以劳动密集型为主，并且主要是地市级农业产业化龙头企业；资金和技术密集型企业要少得多，共占34%的比例；国家或省认定的高新技术企业确实凤毛麟角，只有两家。这在一定程度上反映了贵州省当前农业产业化经营的发展水平。从另一个层面看，在调查企业中，企业员工在50人以下的占56%，企业年销售额大多数为300万~1 000万元，占46%。企业规模小，带动能力弱，农业产业化水平发展还处于初级阶段。

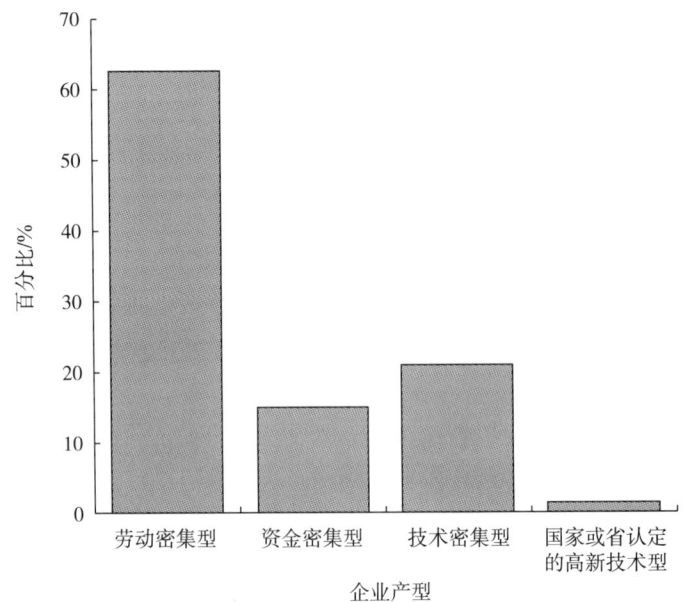

图 1-3　贵州省农业企业类型（一）

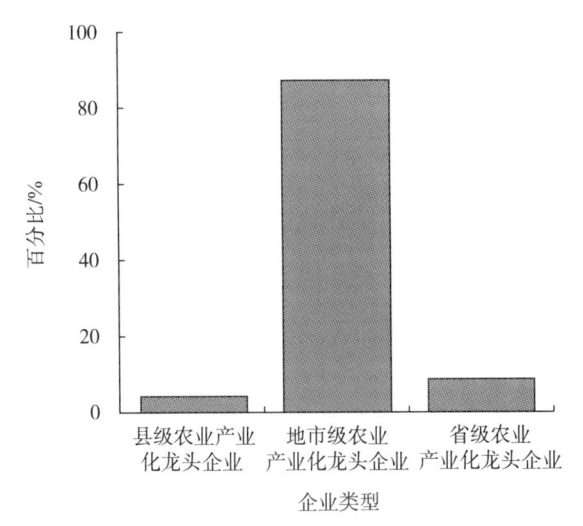

图 1-4　贵州省农业企业类型（二）

从以上可知，在贵州省的调查企业中，龙头企业的发展状况还处在比较低的阶段，不论是企业规模、年销售额，还是企业的认定等级等都可以充分说明这一点，贵州省农业产业化经营发展道路曲折。

1.2.2 企业基本经营情况分析

从图1-5和图1-6分析发现，在当前被调查企业中，企业主要集中在农产品种植或加工及畜产品养殖或加工两个领域；其次是农副产品的批发与销售。由此我们可以看出，贵州省农业产业化龙头企业还处在产品加工初级阶段，企业深加工能力不足，产品附加值不高，带动能力弱。对比分析在调查企业中又有46%的企业采用"公司+基地+农户"模式，19%的企业采用"公司+基地+合作社+农户"模式。其他组织形式就少得多，分布到具体组织形式里去就更少。从侧面讲，这说明贵州省农业产业化经营模式还比较单一，发展还不完善。

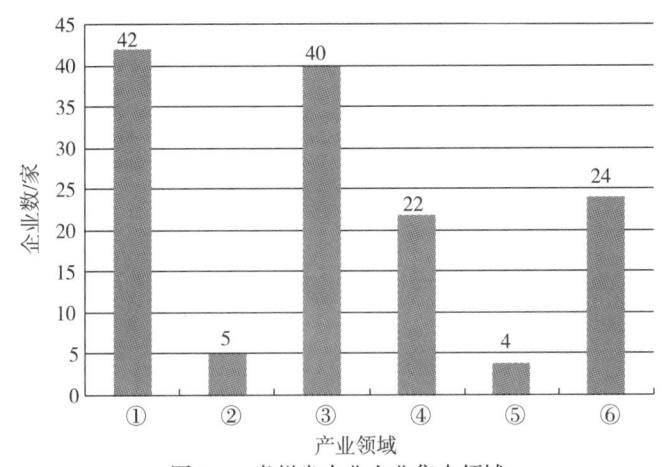

图 1-5 贵州省农业企业集中领域

①表示农产品种植或加工；②表示林产品种植或加工；③表示畜产品养殖或加工；
④表示茶、中药材等经济作物种植或加工；⑤表示水产品养殖或加工；⑥表示农副产品批发与销售

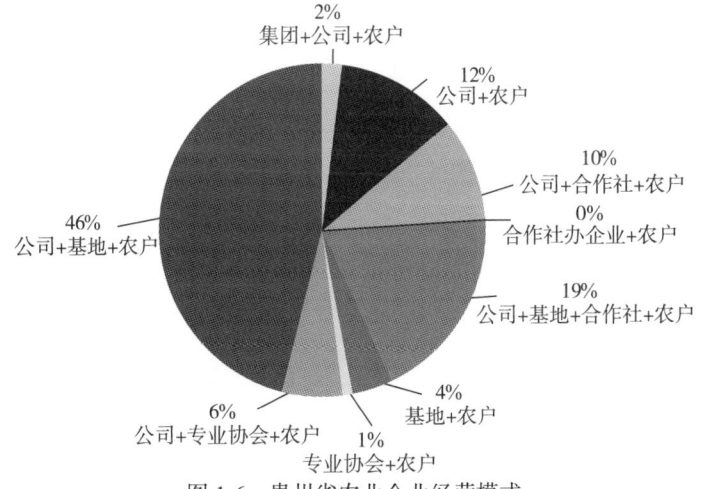

图 1-6 贵州省农业企业经营模式

此外，从图1-7看出，在所有企业中有38家企业信用等级为A级，占44%，而有20家企业还没有任何信用等级，占23%；从图1-8看出，企业负债在30%~50%的占33%的比例，可以说形势都不容乐观。

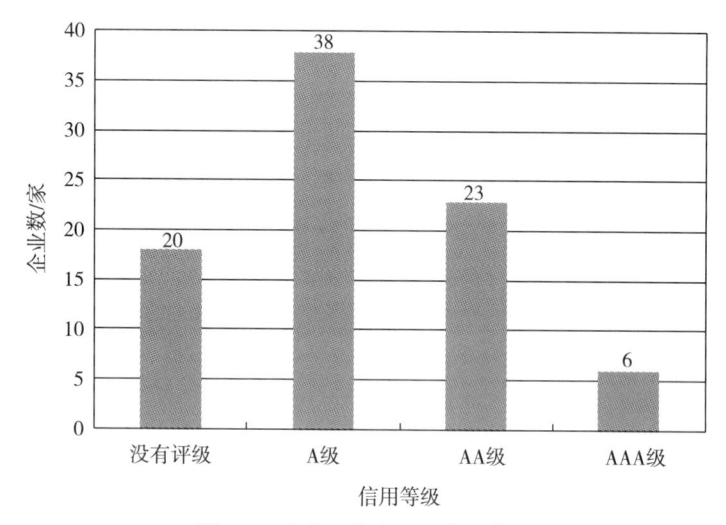

图 1-7　贵州省农业企业信用等级

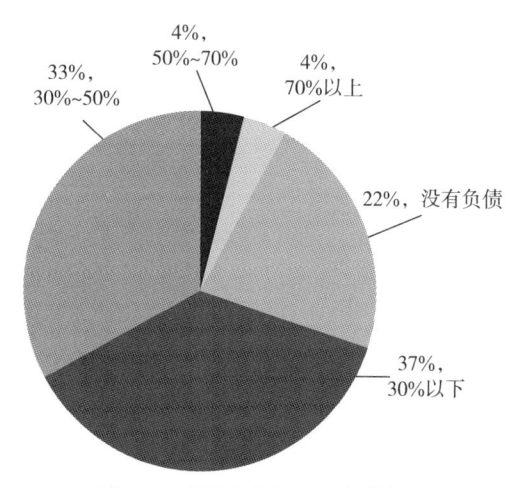

图 1-8　贵州省农业企业负债情况

从图1-9看出，制约企业的发展因素主要集中在市场拓展、企业管理水平和政府政策方面；这从图1-10也可以反映出来，84%的企业没有单独的科研开发部门，从另一个层面讲，企业的创新能力不足，从而影响企业的发展。

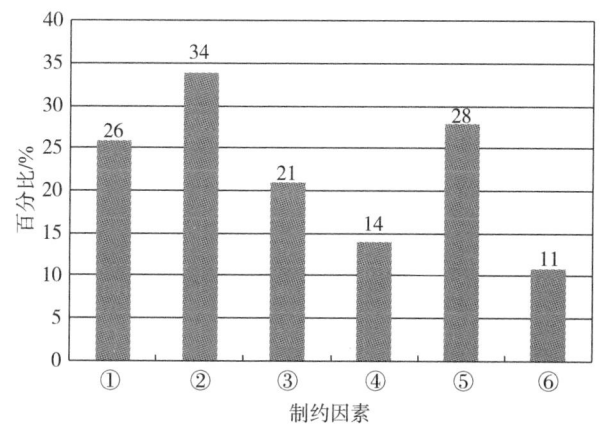

图 1-9　贵州农业企业发展制约因素
①表示政府政策；②表示市场拓展；③表示技术工人招聘；
④表示研发能力提升；⑤表示企业管理水平；⑥表示土地等成本过高

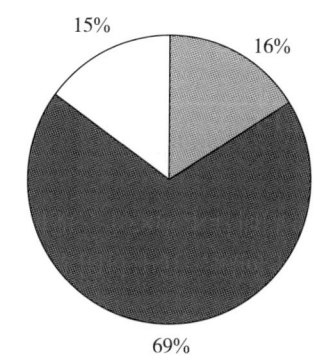

■ 设有单独的科研开发部门
■ 虽然没有单独的科研开发部门，但与有关的科研院校有固定联系
□ 既没有单独的科研开发部门，也与社会上的科研院校没有联系

图 1-10　贵州省农业企业科研投入状况

1.2.3　贵州省农业产业化经营存在问题

调查并分析当前贵州省农业产业化龙头企业的经营情况，我们发现当前贵州省农业产业化经营主要存在以下问题。

（1）农业产业化龙头企业规模小。企业发展程度偏低，大多数企业只是地市级龙头企业，此外企业发展不成熟，尤其来自企业自身，如管理水平、市场开拓、生产加工能力不强（王亚飞和唐爽，2013）。大多数只能进行初加工，产品深加工能力不强，产品附加值不高。

（2）政府投入及服务意识不足。这来自以下三方面：一是政策扶持不到位，相关投入没有及时落到实处；二是政策落实不到位，国家虽有相关政策但企业面临问题得不到有效解决;三是政府相关职能部门办事效率偏低、服务意识不强等。此外,政府在税收优惠、补贴等方面还有一定欠缺(张陆伟等,2009)。

(3)企业农产品基地建设受阻,土地流转规模小,发展缓慢。在调查中有11%的企业有扩大产品基地的需要,而当前贵州省各地区土地流转发展缓慢,企业对土地的需求与现存的土地撂荒现象形成一对尖锐的矛盾,各地政府虽极力解决企业面临的问题,但与企业的需求比起来还存在一定差距。

(4)融资困难。融资渠道狭窄,并且银行贷款困难。企业普遍感到发展资金不足,尤其是农产品原材料收购和技术改造资金严重不足。龙头企业普遍存在资金周转困难的问题,原始积累不足、资金短缺对大多数农业龙头企业来说是通病(周毅和叶会,2010)。

(5)人才比较缺乏,科学文化不高。企业对人才的需求日益迫切,尤其以高新技术企业和劳动密集型企业表现尤为突出。在调查的企业中,除企业高层领导具有大专以上高等学历以外(这部分比例还不高),其他员工基本上是当地的农民,文化水平都较低,基本是小学、初中文化水平。

(6)企业科技研发能力不强,创新能力不足。在调查企业中仅有16%的企业设有独立的科研部门,而技术密集型企业设有独立研发部门的却极少,只有两家,这可能与其缺乏人才有关。此外部分企业同相关科研院校保持一定联系,与高校科研单位共同开发设计相关的项目,但也有相当多的企业根本就没联系,企业处于"闭门造车"状况(蔡海龙,2013)。

(7)农民专业合作社发展缓慢。从经济较发达的省份看,农民专业合作社越发达对当前经济社会发展的带动作用越强。然而贵州省农民专业合作社发展水平偏低,以铜仁市为例,据不完全统计,在其管辖的10个区县农民专业合作社的数量只有160个左右,应该说总体数量偏少,其带动作用可想而知。

(8)利益联结机制不完善。这主要表现在以下两个方面:①农户与公司联结机制不完善,尤其是"公司+农户"模式,农民在博弈中往往处于劣势,利益得不到有效保障;②农户专业合作社之间利益联结机制不完善,农民之间虽签有相关协议,但协议往往不规范,这给日后利益分配带来风险。

(9)农民的经营意识落后。由于贵州省农业产业化经营具有风险比较大、周期比较长、短时间内受益不明显等特点,再加上农民相对保守,所以在投资上绝大多数农民都不敢冒进。承担风险的意识远远落后于其他农业产业化经营发达的省份(欧晓明和曾晓红,2003)。

(10)招商引资困难。这主要有以下两方面原因:①贵州省是一个经济欠发达的省份,另外,贵州省的地理位置与其他省份相比没有太多的区域优势;②贵州省缺乏相应的社会环境,尽管各地招商引资的政策十分诱人,但在实际中各地招商引资的情况都不是很理想。

（11）过度依赖当地资源，甚至以牺牲生态环境为代价谋求发展。调查对象虽然都是与农业发展紧密相关的企业，看似对生态资源、环境资源没有造成损害，但不尽如此。例如，本次调查的铜仁市万山特区龙辉养殖有限公司，据该公司总经理介绍，现在公司发展规模已经受限，要想进一步扩大规模，只能另寻他处，主要原因就是该公司的养殖污水已无法处理，自然排放已经使它受到影响了。这只是一个例子，像这样的企业比比皆是。

（12）缺乏社会化服务体系。各地农业产业化经营企业绝大多数都处于独立发展、各自经营的状态，企业与企业之间没有形成产业链，基本上谈不上相互协作、相互互补。此外，政府与其他社会组织也没有形成配套的服务体系，只是各自履行职能而已（陈剑，2010）。

1.3 当前农业产业化龙头企业政策需求

此次调查主要通过问卷调查、访谈法和座谈法相结合的方式进行。在调查的87家企业和各级地方农业管理部门中，我们通过座谈，对问卷开放性问题进行总结归纳，发现企业对当前发展所需的政策需求及改进意见主要表现如下。

首先，在企业融资方面，调查显示大部分企业当前融资都比较困难，尽管如此，但从图1-11中发现，企业对农业产业化趋势持乐观态度。而调查发现，企业对融资方面的需求主要体现在以下方面。

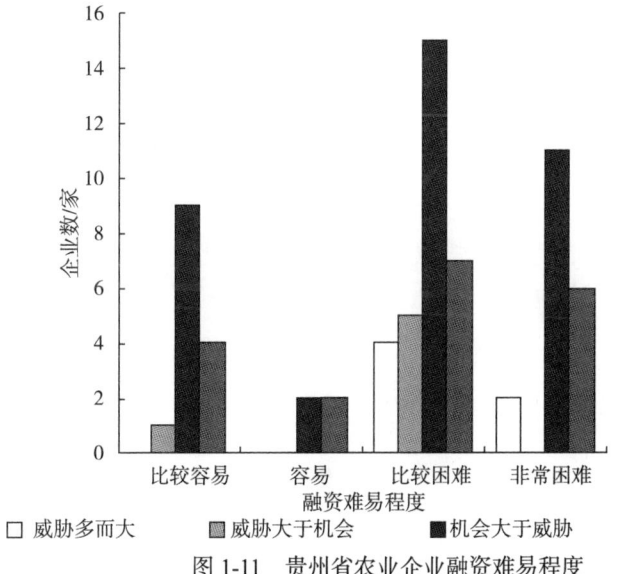

图 1-11 贵州省农业企业融资难易程度

（1）国家应加大对企业的信贷扶持力度。农业产业化经营要得到银行的金融支持，给企业的政策扶持资金创造条件。顺畅融资渠道，并给予适当的财政支持，财政支持要改为全部通过贴息或建立担保基金的方式，鼓励龙头企业增加对农业应用研究的投入（陈凌岚和陈永志，2010）。同时加大财政对合作社的扶持力度，政府与专业银行加大对企业和合作社的资金支持和贷款支持额度；财政资金向农业产业化经营龙头企业倾斜，使之更好更快地形成地域产业带的发动机。

（2）政府的产业化资金要直接补贴到企业，主要加强资金审批部门的监管，减少企业在申请资金过程中的成本（林万龙和张莉琴，2004）。希望在企业的融资、贷款过程中能有切实的、更优惠的政策，降低门槛。同时在农业产业化经营中要经受自然风险、市场风险等制约，经营中的风险较大，因此要在税收等方面给予优惠。

（3）金融机构加大对龙头企业贷款支持，适当降低要求，加大财政贷款贴息力度。同时提供优惠的资金贷款或者担保政策，解决企业融资难问题（宫海鹏和胡胜德，2010）。此外，在银行申请贷款时，没有土地所有权、无资产抵押导致贷款难，针对这方面政府应出台相关的政策，放宽这部分企业的贷款门槛。

其次，在政府支持和政策服务方面。从图1-12和图1-13发现，在涉及相关政府职能部门中，农业、经贸、商务、气象等职能部门及技术监督和质检部门、工商行政部门和税务部门占据前四位。它们既是与企业发生往来关系最多的部门，也是企业反映要求改善服务最强烈的部门。而在政策服务方面，将重点转到支持其实现科技创新、管理创新等方面，以及财政支持要改为全部通过贴息或建立担保基金的方式，这两个方面要求特别明显。在此次调查中我们对企业在政府支持和政策服务方面的要求归纳总结如下。

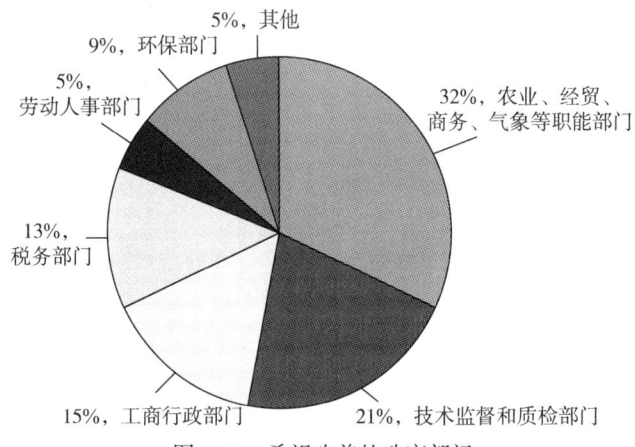

图1-12 希望改善的政府部门

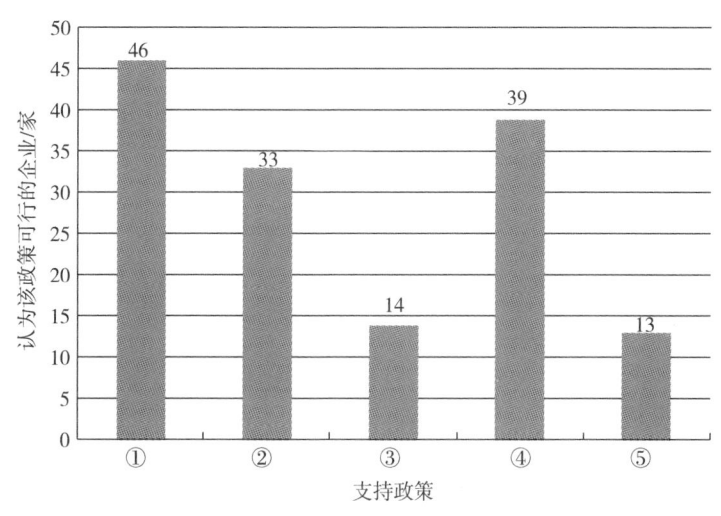

图 1-13 调整龙头企业发展的支持政策

①表示将重点转到支持其实现科技创新、管理创新等方面;②表示充分发挥国家开发银行、进出口银行、农业发展银行三大政策性银行的作用;③表示鼓励龙头企业上市融资;④表示财政支持要改为全部通过贴息或建立担保基金的方式;⑤表示鼓励龙头企业在中西部地区和粮食主产区兴办农产品原料基地

(1)加大政府的引导、扶持和宣传力度,相关政策要有针对性和延续性。扶持具有自主知识产权的企业,不断加大科技创新能力。同时设立相关的资讯网络、建立企业平等机制、增加扶持力度、政府的专业的技术指导及相关的服务到位(蔺丽莉,2006)。建立和完善监督约束机制,加强执法力度。

(2)要依法规范政府职能部门的管理行为,把服务融于管理之中。简化申请有关程序,缩短工作周期;提高工作效益,少搞形式,多做实事,使企业得到真正的实惠;加强有关行政执法部门的理解和帮助,促进政府各有关涉农部门,对企业的服务态度、方法等方面要有所改善;进一步缩小本省与外省的政策差异,改善投资环境。

(3)加强对企业的各种技术方面的培训,加大政府引导,成立专门的联系机构,增加企业、基地农民的培训机会(蒋永穆和王学林,2003)。

最后,在土地流转和基地建设方面。从图1-14和图1-15分析发现,大多数企业获得土地的使用权都相当不容易,而且通过政府获得土地的比例还不太高,企业还得通过其他途径获得土地使用权。

从图1-16分析发现,土地流转规模越大,对基地的发展贡献也就越大。这在调查访谈中也得以证明。我们再来看一个回归方程分析:

$$基地规模 = 0.748 + 0.32 \times 固定资产资金累积投入 + 0.514 \times 产销市场 + 0.375 \times 带动农民增收 + \varepsilon \quad (1-1)$$

式中,ε 表示方程误差项。

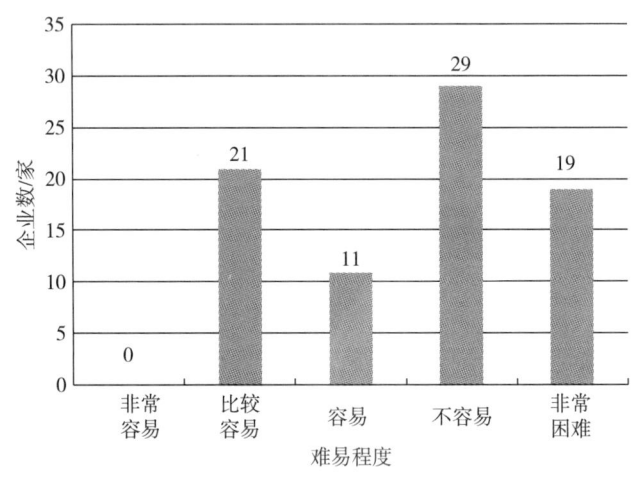

图 1-14 贵州省农业企业获取土地难易程度

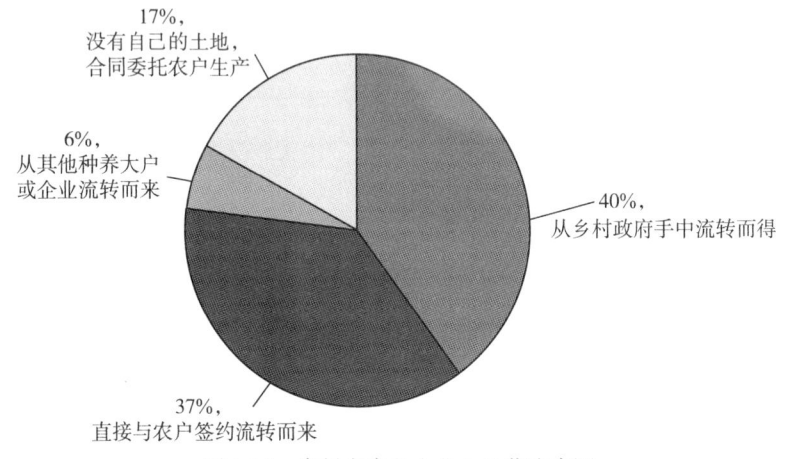

图 1-15 贵州省农业企业土地获取来源

由式（1-1）看出，**企业基地规模的扩大，同固定资产资金累计投入、产销市场、带动农民增收成正比**。以下便是在调查中企业提出的政策需求。

（1）对农户实现土地流转或入股的土地联合企业，引导和支持土地流转，优化土地流转，从而使企业能够相对容易地获得土地使用权，最终带动农业产业化发展。

（2）政府扶持公司建设基地的政策，出面协调生产厂房用地，使公司迅速步入规模化发展。

（3）在其他方面，如税收、固定资产投入、市场拓展、媒体导向、科技创新与推广、龙头企业的发展等，企业都有所提及，这些既是我们发展农业产业化应该考虑的问题，也是影响农业产业化的因素，因此也应列入政策需求范围。

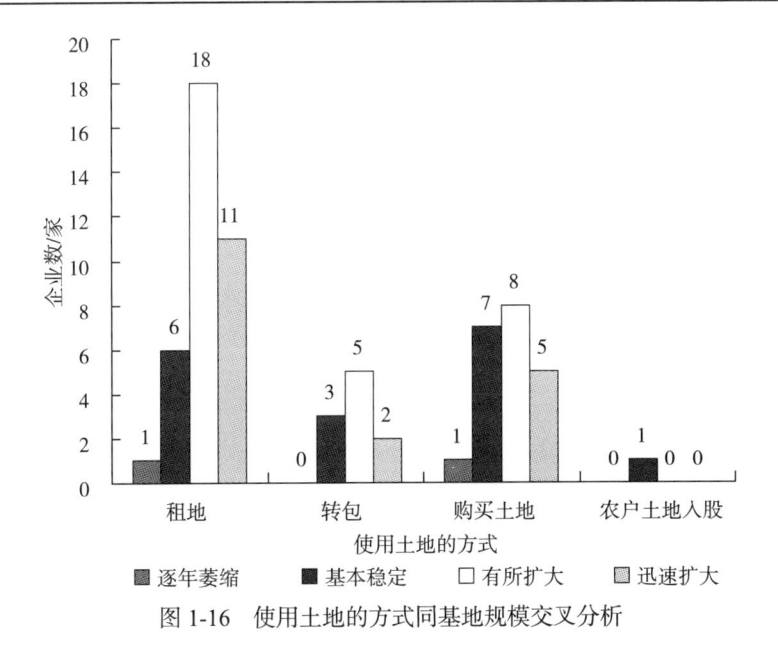

图 1-16 使用土地的方式同基地规模交叉分析

1.4 不同类型的农业开发企业对农业产业化经营的带动模式与带动作用

1.4.1 农业产业化经营的带动模式

中国农业产业化经营组织中,农业产业化经营的带动模式主要有四种(表1-2),即契约关系模式、股份制合作模式、准企业组织模式和复合型模式(咸春龙,2002)。

表1-2 四种模式描述

模式	频率	百分比/%	累积百分比/%
契约关系模式	50	57	57
股份制合作模式	18	21	78
准企业组织模式	12	14	92
复合型模式	7	8	100
合计	87	100	

1. 契约关系模式：龙头企业带动型

契约关系模式是一种农业产业化组织，该组织选取农副产品加工企业、流通企业等为龙头，龙头企业通过合同契约、股份合作制等多种利益联结机制，与农户共同合作，从而实现互惠互利，带动农户从事专业化生产，以便将农产品的生产、加工、销售有机结合起来（彭熠等，2005）。龙头企业带动型农业产业化组织的主要特点是企业与农户结成贸工农一体化的生产体系，企业与农户最主要和最普遍的联结方式是合同。

2. 股份制合作模式：中介组织带动型

股份合作制经营管理模式以专业合作经济组织（包括农民专业合作社和农民专业技术协会等）为中介，通过合作制或股份合作制等利益联结机制，指导农户进行农产品生产，由中介组织制定生产产品的目标与标准，提供统一的生产、加工和销售服务，完成市场规划、产品收购与加工、联系客户和贮运销售的一体化经营模式（赵凯等，2013）。此类中介组织遵循"民管、民办、民受益"的原则，政府不直接参与管理。农户参加或退出这些组织具有自愿性，为了维持组织的正常运行，需要对入会农户收取一定的会员费或者管理费。大多数农户和中介组织之间一般没有合同关系，但有些中介组织具有龙头企业的功能，通过与农户签订购销合同，统一价格、统一销售产品，所得利润主要用于分红，后者用于增加对农户的服务。

3. 准企业组织模式：主导产业带动型

准企业组织模式是指企业租赁农户的土地，然后把所承租的土地集中起来，统一规划，投资农田改良和基础设施建设，引进先进农业设备、优良品种等，再雇用农户经营或将土地反包给农户经营（李燕琼和张学睿，2009）。这类似于企业化经营，产、供、销各环节相互统一，形成一个统一经营体，更好实现单一经济实体内部的相互关联。

4. 复合型模式：专业市场带动型

主要形式是"专业市场+农户"，通过围绕当地产业优势，培育农产品市场，提供市场信息、优良种子和农用生产资料等，带动优势产业扩大生产规模。农户则主要以市场为窗口及时调整产业结构，提供质量合格、数量足够的农产品，从而形成产加销一条龙的生产经营体系。

从图1-17中可以看出，使用契约关系模式带动农业产业化的企业在调研中最多，占57%。这种企业采用"公司+基地+农户"的形式，该类企业同农户签订土地承租合同，租赁农户的土地，然后把所承租的土地集中起来，统一规划，投资农田改良和基础设施建设。而复合型模式的企业最少，仅占调研样本的8%，这种企业往往由契约关系模式、股份制合作模式和准企业组织模式交叉组合而成，综合运用多种手法带动农业产业化的发展进程，但这要求企业有较大的发展规模，同贵州省农业产业化龙头企业的发展现状不符，所以占比较少。

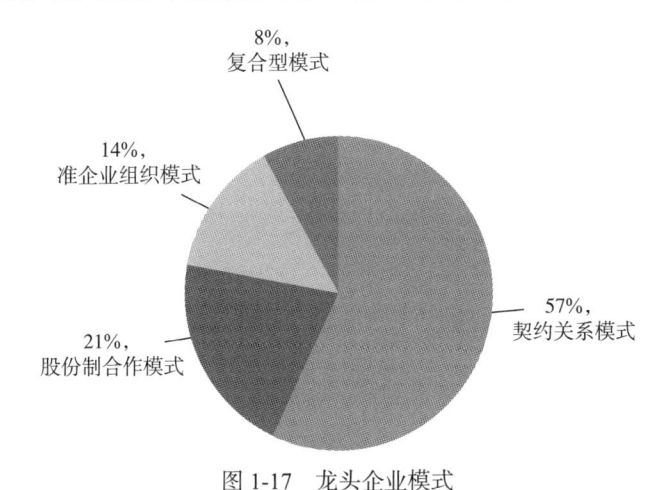

图 1-17　龙头企业模式

1.4.2　农业产业化经营的带动作用分析

我们用四种类别来区分农业开发企业对农业产业化的带动情况，而不同的带动模式产生了不同的带动作用。结合调研实际主要从以下四个方面进行分析。

1. 不同类型企业模式在基地规模问题上的带动作用分析

在企业模式对企业基地规模的影响中，我们发现以契约关系模式、股份制合作模式带动农业产业化发展的企业的基地规模发展速度较其他两种模式快，其中股份制合作模式的企业的基地规模在农业产业化的发展进程中扩张速度最大（赵德余和顾海英，2005）。在企业模式对企业基地规模的方差分析（图1-18）中，可以发现其$F=3.490$，$P=0.02$，$\alpha=0.05$，证明其对不同企业的基地规模的作用是显著的，不同组的效应不全为0，且满足方差齐次性检验。

2. 不同企业模式对人才引进和培训投入情况的带动作用分析

在企业模式对企业的人才引进和培训的带动作用分析中，我们发现采用股份制合作模式的企业对人才引进和培训的投入最大。由于无法满足方差齐次性检验，我们采用Kruskal-Wallis检验，检验中发现卡方统计量为10.936，$P=0.012$，$\alpha=0.05$，认定不同企业模式对企业人才引进和培训的投入的差异是

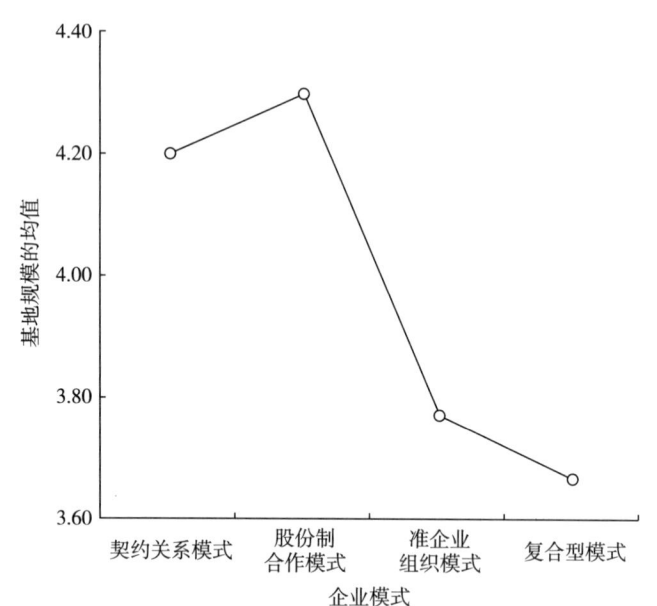

图 1-18　企业模式对企业基地规模的方差分析

显著的（图1-19），不同组的效应不全为0。

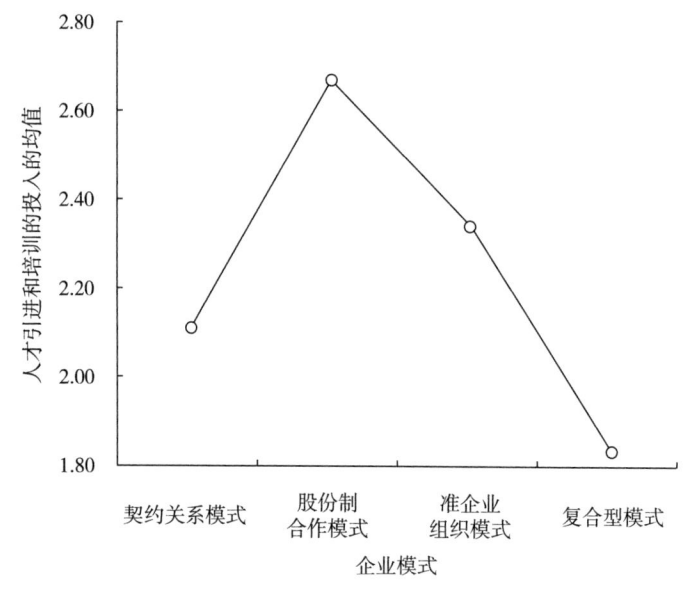

图 1-19　企业模式对企业人才引进和培训的投入带动作用分析

3. 不同企业模式中企业从农业产业化中得到的收益情况带动作用分析

在不同企业模式中企业从农业产业化中得到的收益情况，采用股份制合作模式的企业得到的收益最大，由于无法满足方差齐次性检验，我们采用Kruskal-Wallis检验，检验中发现卡方统计量为9.019，P=0.029，α=0.05，认定不同企业模式中企业从农业产业化中得到的收益情况的差异是显著的（图1-20），不同组的效应不全为0。

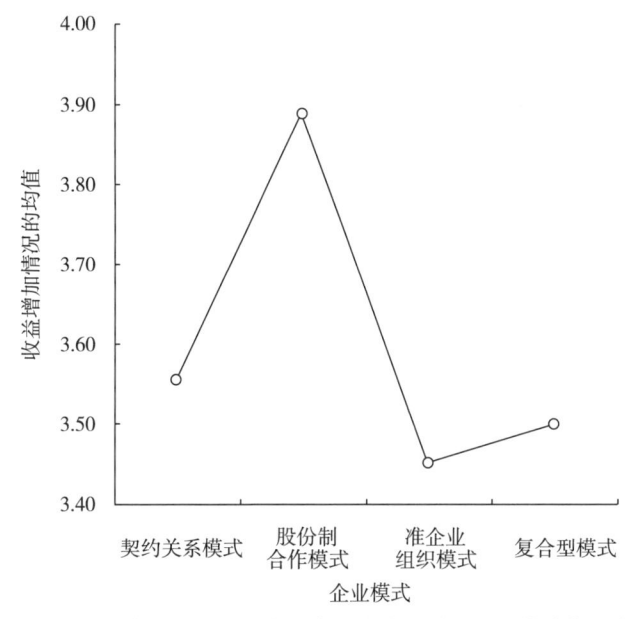

图 1-20　企业模式对企业从农业产业化中得到的收益带动作用分析

4. 不同企业模式中企业对农民增收情况的带动作用分析

在不同企业模式对企业带动农民增收的影响中，股份制合作模式和准企业组织模式带动农业产业化发展中农民增收的效应较其他两种模式大，其中股份制合作模式的企业的基地规模在农业产业化的发展进程中带动农民增收的效果最好。在企业模式中企业对农民增收情况的带动作用分析（图1-21）中，可以发现其F=2.726，P=0.05，α=0.05，可以确认不同企业模式对带动农民增收分析的作用是显著的，不同组的效应不全为0，且满足方差齐次性检验。

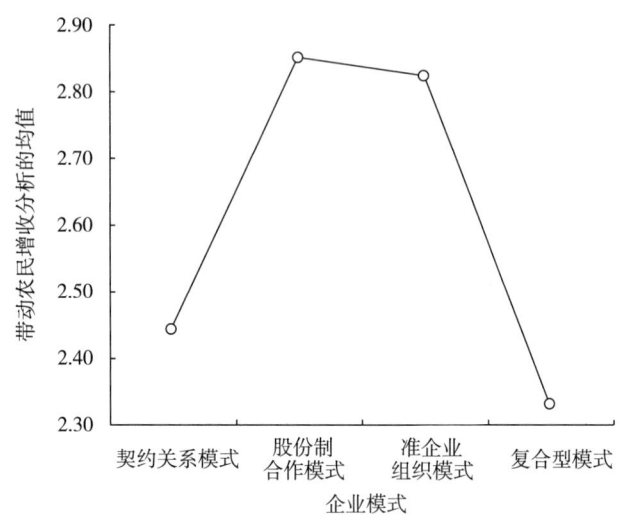

图 1-21 企业模式中企业对农民增收情况的带动作用分析

第2章 农业经营组织和经营模式理论创新研究

2.1 农业经营组织与模式相关研究

2.1.1 农业经营组织研究综述

组织是实现农业产业化的有效载体，是农业产业化的重要组成部分，在提高农业比较效益、组织农民进入市场等方面发挥着重要作用。农业经营组织是一个由公司企业、合作社、农户等多元参与者自愿结成的利益联合体，他们在组织共同目标之下，存在着相互依存、互助互利的经济关系。农业经营组织也可以理解为政府职能部门、农业相关企业和农户等以实现农业生产的规模效益和经济效益为目标，遵循自愿、平等、互利的原则，从而在农产品的生产、供应与销售等活动中相互结合在一起的形式（苏群，2004）。

为了促进农业产业化经营组织的发展，缩小与国外发达农业国家的差距，20世纪90年代以来，中国理论界进行了广泛的研究，取得了一定的成果，主要研究集中在以下几方面：①农业产业化经营组织在内涵、实质和基本特征上的变化（涂俊等，2007）；②农业产业化经营组织产生和发展的条件（原因）、客观必然性；③农业产业化经营组织在农村改革农业发展中的作用及其关系；④地区农业产业化经营组织发展的战略规划和政策建议（姜长云，2002）；⑤农业产业化经营组织的组织形式和运行机制（沈雅琴，2005）。通过对相关文献的研究发现，大多数研究还是集中在对农业产业化经营组织产生和发展条件及其必然性方面。

大多数学者从宏观的产业结构和产业发展角度进行研究，对农业产业化经营组织的研究观点不一，尚未形成统一的看法。第一个共识是"农业产业化"与"农业一体化""种养加一条龙"等是不同层次的概念（赖涪林，2005），后者是前者的具体表现形式。第二个共同之处就是大部分学者只提出促进农业产业化发展的政策建议,而对农业产业化经营组织的内部组织结构、运行机制等问题未进行深入研究。分歧主要是基于分析问题的立足点不同,具体有三种不同的观点:①从农村经济发展的全局来认识农业产业化(郁鹏,2008);②从农业产业化经营组织的发展趋势来认识农业产业化(李玉晶,2006);③从农业产业的分化和综合来认识农业产业化经营组织。对农业产业化经营组织的研究,侧重从微观的产业组织角度来探讨的学者大都认为"农业产业化"与"农业一体化"等是同一层次的概念,或"农业产业化"是"农业产业一体化经营"的简称。他们均强调农民的生产积极性、创造性等因素,认为农民在农业产业化经营组织中具有核心的地位;并认为农业产业化经营组织是组织经营制度的创新,这种创新是农民在市场机制作用下,为维护和扩大自身利益而自发进行的。

2.1.2 农业经营组织模式研究综述

农业经营模式是指在一定的农业生产资料所有制关系条件下,农业生产经营活动的组织形式和运行形式。主要包括以下具体内容:农业生产资料(主要是土地)的实际支配形式、农业劳动者与农业生产资料的结合形式、农业经营活动的决策及其实施形式、农业生产要素的组合与协调形式,以及农业经营主体与外部经营环境的适应、协调形式。一定的农业经营模式,是在一定的农业生产资料所有制形式的基础上形成的,其经营模式的选择可以是多样的,但这种选择是不取决于人们的主观意志的,而是取决于农业生产力水平,即主要取决于当时、当地农业劳动者和土地等其他生产资料的状况,以及农民的文化技术素质、经营者的经营管理水平等(王旭,2013;刘春伟,2015;刘德金,2014)。

大部分学者将农业经营模式、农业经营方式和农业经营形式混同使用。王征兵等(2012)认为农业经营方式就是农业生产要素的组合方式或生产技术道路、技术途径,而农业经营形式所涉及的是农业主体的权利和经济关系问题。梁晓东(1984)认为各种生产要素的微观组织形式是农业经营形式,而不是农业经营方式。于金富(2007)提出的生产方式的四个有机联系内容反映了经营模式的内涵。在经营模式创新方面,胡必亮(2003)主张确立一种"双轨"农业经营制度,即稳定自给性小农与发展商业性大农。丁泽霁和杜志雄(2001)提出了坚持农业家庭经营组织为农业微观组织基础、多种产权组织形式和多种经济成分并存的战略思想。杨国玉和郝秀英(2005)认为农业规模经营是农业现代化客观要求,农业经营大户是农业规模经营的主要方式。邓俊锋(2008)指出现代农业经营模式就是实行区域化布局、专业化生产、一体化经营、社会化服务和企业化管理。农业经营形式的变化是制度变迁的内容,农业经营方式转变属于技术进步范畴。他从农业生产关系与农业生产力两方面综合界定农业经营模式的含义,从制度变迁角度对农业经营形式变化做推演,从技术创新的视角分析农业经营方式的影响。

2.2 农业经营组织与模式的特征

2.2.1 参与主体开放化

在龙头企业的带动下,组织众多农户参与其中,突破所有制的界限,坚持开放性,国有、集体、个体经营有机结合起来,形成多成分、多形式的经营体制;突破行业隶属关系的约束,实现农、工、商、贸、技等行业生产要素的优化组合;突破"二元经济"结构的界限,缩小城市与农村之间的距离差距,促使城乡之间的优势互补和利益互补(黄连贵等,2008)。

2.2.2 导向市场化

把流通作用提到首位,以国内外市场为导向,按照市场牵龙头、龙头带基地、基地联农户的形式,逐步形成产供销、农工商、内外贸一体化。以市场经济规则形成的合同或协议为纽带,将产供销不同阶段、农工商不同产业、内外贸不同部门有机连接起来,从而形成统一的经营综合体。龙头企业依靠自己的经营实力和掌握的市场信息,与农民签订产供销合同,建立生产基地,提供相应的配套服务,农民则按合同进行生产和销售,企业再按合同收购和加工,把产品销往市场。

2.2.3 生产专业化

生产专业化,需要根据合理分工、有效协作的原则,改变农业组织自给自足的"小而全"的生产方式(张世如,2012)。以特定的农副产品项目为指导,形成产供销、服务网络综合一体的专业化生产系列,专业化与产业一体化协同应该体现在每一个生产环节上,以产业链的整体效率和经济效益为目标,带动一批专业户和专业村乡的发展。

2.2.4 营运一体化

营运一体化,需要以经济利益为联结纽带,实现有关环节链式产业链(聂亚珍,2004),实行"产供销一条龙、农工贸一体化"经营,使外部经营内部化,从而降低交易成本,提高农业的比较效益。值得一提的是,在营运一体化、合作社和政府的协同作用下,通过有效的市场,分散的小生产农户可以转变为社会化大生产组织的成员,除了可以提高农业的比较效益外,还能够增加农户的交易利益,提高他们的实际收入水平。

2.2.5 管理企业化

通过"公司+基地+农户""合作经济组织+农户"等组织方式,构成一体化生产经营联合体,通过采取有效的现代企业管理方式,实现风险共担、利益共享,在营运和成本效益方面,实行企业化管理(李增梅和李桃,2007)。尤其是"龙头企业"按照先进模式建立现代企业制度,实行权责分明、管理科学的内部管理机制,自主经营、自我发展,带动农业产业经营企业化。

2.2.6 服务社会化

通过农业经营组织,不仅可以利用"龙头企业"的资金、技术和管理优势,而且还能组织有关科技机构在市场预测、信息传递、产品开发、人才培训、物资供应和机具维修、技术推广与经验传播、水利灌溉、植物保护、生产运输等方面,为农户提供全程服务,促进各种要素直接、紧密、有效结合(马歇尔,2005)。农业产业化组织与模式伴随着经营过程的变化也在不断地发展变化,并且随着农业产业化经营的不断深入,组织与模式各种特征的内容还会进一步丰富,并且衍生出一些新的特征。

2.3 农业经营组织和经营模式的理论基础

2.3.1 规模经济理论

规模经济理论起源于美国,它对大批量生产的经济性规模进行了有力的解释,典型代表人物有阿尔弗雷德·马歇尔(Alfred Marshall)(俞雅乖,2009)、张伯伦(E. H. Chamberin)、罗宾逊(Joan Robinson)和贝恩(J. S. Bain)等。

马歇尔在《经济学原理》一书中提出:在工业上,大规模生产可以获得更为突出的利益。大工厂的利益主要来源于以下几点:使用专门机构,并对其进行改革、采购与销售,对专门技术和经营管理工作的细化。马歇尔还论述了"内部规模经济"和"外部规模经济"是形成规模经济的两种路径,其中,"内部规模经济"通过个别企业对资源的充分有效利用,以及组织和经营效率的提高而形成;"外部规模经济"主要通过多个企业之间因合理的分工与联合、合理的地区布局等形成,他还进一步研究了规模经济报酬递增、规模报酬不变和规模报酬递减的变化规律。

值得一提的是,马歇尔还发现了"大规模"在带来正面利益的同时,也给市场带来了一定的威胁。例如,"大规模"带来的垄断问题,对市场价格形成机制产生了消极的破坏作用，从而提出了著名的"马歇尔冲突"（Marshall dilemma），他说明企业规模需要有一定的约束，企业无节制扩大而导致的垄断组织将使市场失去竞争活力。

2.3.2 合作组织理论

学者从产权结构角度将合作组织大致分为两类，即紧密型合作组织和松散型合作组织（李朝阳，2010）。紧密型合作组织是指生产者共同出资，通过共同生产和经营，向市场提供产品或劳务的经济组织，它表现为生产者和所有者的统一。松散型合作组织是指通过合同等方式将原料购买、产品加工和运销等生产流通环节连接在一起的合作组织。股份合作制等紧密型合作经济组织的生产者具有双重角色，他们既是企业的所有者，也是企业的控制者，他们自负盈亏。一般而言，松散型的合作经济组织在农业产业中应用较为广泛，它具有市场和科层组织的双重性质，与整合式的企业组织和市场制度有所不同。

在合作组织内部，存在成员的有限理性、机会主义行为、外部性和搭便车等问题，为了保证组织有效运作，建立完善的运行机制至关重要。另外，需要从多方面对农业专业性合作组织绩效进行评价，绩效评价标准具有多样性。

2.3.3 交易费用理论

科斯1937年在《企业的性质》中首次提出交易费用的思想，科斯认为，交易费用应包括度量、界定和保障产权的费用；发现交易对象和交易价格的费用；讨价还价和订立合同的费用；督促契约条款严格履行的费用。

从新制度经济学角度看，农业产业化经营是一种制度选择和创新，交易费用是当事人为完成交易活动所付出的所有时间、精力和财力，通过农业产业化的产供销、农工贸一体化经营实现农产品的价值时，会降低以下两类交易费用。

1. 降低信息成本

信息成本是由人的有限理性和信息的不完全性导致的，农户首先要投入一定的时间、人力、财力去获取市场行情后，才能保证在市场上出售自己生产的农产品。农户交易谈判前的准备工作主要包括了解同类商品的质量、价格、品质、数量，以及寻找交易对象等。在农业产业化的组织框架中，实力雄厚的龙头企业可以有效捕捉市场信息，从而为农户提供信息服务，并制订自己的生产经营计划，与农户订立长期合约，农户只需在最初与企业达成合作意向时支付最初成本，以后随着交易数目的增加，至多增加一次有关该次交易的信息边际成本，这就大大降低了公司和农户的信息费用。

2. 交易双方的谈判费用

谈判费用主要是由谈判地位、技巧和信息的不对称，即交易双方所占有信息的多寡、真伪及深浅不一等造成的。对农业产业化经营企业通过市场交易的方式获得加工的原材料，农户往往会花费大量判断农产品品质、谈判价格等的费用，但是如果通过契约的形式就可以缩减费用，可以把重复谈判费用转换为合同的谈判和执行费用，同时，产业化经营也降低了农户的交易风险损失（周立群和曹利群，2002）。在农业产业化中，实力雄厚的龙头企业一般会与农户签订合同，合同的签订由外部监督，交易双方都有效地避免了交易的不确定性，这有效降低了生产风险（顾巍和熊选福，2007）。

2.3.4 制度变迁理论

制度变迁是制度创立、变更及随着时间变化而被打破的方式。在历史长河中，任何制度都要经历产生、发展和消亡的过程。在这里制度变迁主要是指具体制度安排的变迁，制度环境则假设不变。

农业生产经营组织本身就是一系列的制度安排。农业生产经营组织化过程或农业生产经营组织的演化过程就是制度变迁的过程。在制度变迁中，制度安排（组织）发生替代、转换和交易（谢栩，2010）。同时，制度环境并没有发生大变化，即政治、社会和法律环境相对稳定。

农业生产经营组织化是在市场经济条件下由农业发展的内在需要引致的自发性创新，属于诱致性制度变迁，即少数开拓创新者开始被多数人效仿，变迁的程度和速度取决于多数人对少数先行者创新行为的效仿程度和市场需求的增长速度（徐明磊和姚会敏，2013）。新中国成立后，成立的高级社和人民公社制度属于典型的强制性制度变迁，在国家法令下"一夜间"成立，并几乎在全国范围内普及，但好景不长便以失败告终。这样的结局说明仅依靠国家的强制力量，仅凭借政府的主观愿望来推行制度变迁是不可能长久的。虽然在短期内变迁收益大于变迁成本，存在变迁的额外利润，但长期下去变迁成本会以几何级数递增，并锁定在无效率状态。之后，部分农民看到了改变现有制度安排的潜在外部利润，并最终引发诱致性制度变迁，形成家庭承包经营责任制（高鹏和傅新红，2014）。这种由农民自发创立，受到广大群众偏好而迅速普及的组织形式，最终经由国家法律确认，并成为正式制度。可见诱致性制度变迁过程中始终渗透着强制性制度变迁，这也是诱致性制度变迁得以成功的关键所在。综上所述，农业生产经营组织化是诱致性制度变迁与强制性制度变迁共同作用的结果。

2.4 欠发达地区农业经营组织与模式的理论创新

2.4.1 创新的目标

用欠发达农区的农业经营组织和经营模式创新理论研究，填补理论界欠发达地区农业经营组织和经营模式研究上的空白，加速中国欠发达地区农业发展，实现欠发达地区农业的跨越式发展。

2.4.2 创新的任务

已有研究在相当程度上揭示了当前中国农业经营制度创新模式与路径选择，但没有根据区域经济发展特点进行分区域研究，特别是缺乏对适合欠发达地区农业生产发展的农业经营制度创新研究，难以准确反映欠发达地区农业生产发展特征、农业经营制度现状与创新，以及如何实现农业资源的优化配置。因此，欠发达地区农业经营组织与模式创新的任务就是研究适合欠发达地区环境的农业组织和模式。

2.4.3 创新的内容

1. 创新农业产业组织体系

农业产业组织体系主要包括微观和宏观层面上的产业组织形式，如"公司+农户""合作经济组织+农户""专业技术协会+农户""农场+农户"等形式中作为"龙头"的公司、合作经济组织、专业技术协会、农场等微观层面的产业组织形式；承担宏观协调和服务等职能的政府部门、行业组织等宏观层面的产业组织形式。目前我国农业产业一体化组织化程度低，特别是宏观层次的组织化程度低，这在一定程度上阻碍了农业产业组织体系的发展。

2. 创新农村市场主体和农业产业化经营主体

现代市场经济告诉我们，分散农户往往比较弱小，存在着市场信息的不对称性、生产选择的盲目性、家庭经营上的分散性、经营方式上的封闭性和商品交换上的滞后性等不足。农户比较分散，很难成为市场主体和产业化经营主体，因此创新农村市场主体和产业化经营主体任重道远。

3. 创新农业资本运营方式

在市场经济体制下，市场是资源配置的基本力量和主要手段，这就要求农业资产的运营机制也必须市场化,即农业资产要遵循市场经济的规律进行流动、组合和运营,并以此实现保值增值(李宾和马九杰,2015)。这就要对农村市场体系的构建和农村土地制度的改革进行深入研究。

4. 创新利益协调机制

以经济利益为纽带,形成互惠互利、共兴共衰的关系是"产供销一条龙、农工贸一体化"农业持续发展的内在动力。使农业产业化的各个组成部分能分享到整个链条的平均利润,既是现代农业的本质要求和基本特征,也是农业顺利发展的保障条件。因此,要对利益协调机制的建立进行研究。

5. 创新农产品市场流通组织

当前,欠发达地区相当一部分农产品销售不畅、价格下跌,导致农民增产不增收。这一问题的解决,固然有赖于农产品结构的调整与优化,更有待于农产品市场的拓展和农产品流通的搞活。为此,应对区域销售网络的构建,以及与之相关的物流配送方式进行研究。

第3章　中国传统农区农业经营组织创新研究

家庭是生产单位同消费单位统一的组织。改革让家庭可以获取更多的经济活动剩余，通过引入内生激励和约束机制，降低了集体生产的交易费用和监督费用，具有积极的正向影响。另外，实行家庭经营可以把长期积累下来并压抑的剩余劳动力解放出来，该部分劳动力将成为乡镇企业迅猛发展和城市进程的主力军。

3.1 中国中东部较发达地区农业经营组织的现状

3.1.1 中国东部较发达地区农业经营组织的现状

（1）农业适度规模经营逐步发展。当前，对于农业生产力提高、农业资源合理配置，在理论和实践方面都提出了诸多的途径，其中，积极引导农民发展农业适度规模经营是最为典型的路径。例如，从20世纪80年代后期开始，上海郊区在农业家庭承包经营责任制的基础上，探索发展农业种田大户、发展农民责任田规模化种植和农业适度规模经营，到21世纪初，上海郊区已有种田大户、家庭农场和公司办农场等9 000多个，在经营面积、经营种类及基地建设等方面均取得了显著成效，上海农业适度规模经营体系已初具雏形。

（2）加快发展异地农业和海外农业。近年来，东部地区扬长避短，积极利用全国各地丰富的农业资源和广阔市场，大力发展异地农业，初显成效。例如，上海郊区的公司为了保证上海母公司的质优价廉的原材料，目前已在东北、云南、内蒙古、江苏、浙江、安徽等地建立了异地农业基地，并且批量生产农副产品远销海内外。例如，上海郊区的崇明县，充分利用长江水系中华绒鳌蟹主要产地这一得天独厚的资源优势，在本岛内重点发展源头蟹业，2001年，崇明岛繁育的蟹苗在全国市场占有率达25%。2003年，崇明县在江苏、安徽、湖南、湖北、江西等省已开发"崇明蟹"异地养殖面积95万亩，并且首次在新疆试验养殖2万亩取得成功，年总产量达1万多吨，产品主要销往北京、上海、广州等全国各地10多个大中城市。

（3）积极发展国内合作农业企业和三资农业企业。东部各地区广泛吸收国内各地区的人才、资金、技术、物流等资源到本地区投资，积极发展国内区域农业经济合作，促使其成为优化农业资源配置的一个增长点。

东部地区在积极发展国内区域农业经济合作的同时，努力创造有利于全方位高度开放的优越的投资创业环境，吸引国外优质农业资源投入，将国外资本、先进技术、先进农业管理理念、农产品销售渠道等资源与国内的农业资源有机组合，促进三资农业企业的发展，从而实现国内外农业资源优化配置的双赢。据有关部门统计，目前上海郊区累计批准740多个农业外贸项目，吸引了国际牛肉协会（International Beef Cooperation，IBP）、普脱、百事公司等一批国际著名大公司先后都投资上海农业，总共吸收合同外资17.5亿美元。外向型经济的发展，对地区农业资源配置水平的提高起到积极的促进作用。

3.1.2 中国中部地区农业经营组织的现状

中国中部地区包括山西、安徽、江西、河南、湖北、湖南6省。中部6省地处中国内陆腹地，是全国粮棉油等农产品主产区，农业特别是粮食生产优势明显。改革开放前，中部地区农业合作化组织经历了互助组、初级社、高级社到人民公社的历程；改革开放以来，中部各省开始实行统分结合双层经营的家庭联产承包责任制，其中，各省有条件的区域逐步引入了现代农业经营组织形式。涌现出了农业型、商贸型、物流型等产业集群，近郊农区利用人才、信息等方面的优势，开始发展高科技产业集群等多样性农业经营组织及经营模式（高鹏和傅新红，2014）。并且，中部6省在农业经营组织的创新程度都有所收获。但是，相对全国其他地区，中部传统农区在农业经营组织的创新程度上还有待提高，尚处于起步阶段。

改革开放后，随着国家东部开放、西部大开发战略的实施，中部地区发展开始凸显出越来越多的问题，经济增长速度落后于全国其他地区，形成了事实上的"中部塌陷"。尤其是中部地区的传统农区，农业现代化形势十分严峻，其中，资金问题、人才问题、大量的农业劳动力转移问题，都成为农业现代化改造过程的重点和难点。

3.2 中国西部传统农区农业经营组织的现状

30多年前，中国的改革开放发端于农村，从调整土地政策入手，成为巨大的社会进步推动力量。如今，农村土地经营制度再度丰富完善——2008年7月14日，《中共中央 国务院关于全面推进集体林权制度改革的意见》公布，家庭承包经营制度从农田延伸到山林，中国西部传统农区也大大受益。30年弹指一挥间，西部传统农区发生了翻天覆地的变化。从农村家庭联产承包责任制，到税费改革及农村综合改革，再到集体林权制度改革，经历了历史性的变革。西部传统农区实现了从计划经济向社会主义市场经济的巨大转变，从传统农业迈向现代农业的新方向，当地农民的生产生活方式也发生了极其深刻的变化。

同时，在农业市场化、国际化、现代化的进程中，中国西部传统农区农业发展相对落后，农业市场化程度不高，产业化进程缓慢，农业经营组织问题日益显现。因此，西部传统农区存在着较全国更为突出的问题，具体包括以下方面。

1. 产业化经营缺乏区域特色和区域优势

目前，由于农户分散式的种植仍然盛行，规模化生产、集约化经营、机械化作业存在较大难度。农民对基础设施建设的认识存在分歧，导致投入不足，难以有效进行农业设施建设。加之，一些地方政府忽视经济规律，为了提高工作政绩，搞行政命令、下指标等短期行为，对主导产业和区域优势的形成产生了消极影响。

2. 中介组织力量薄弱

（1）缺乏强有力的中介组织（李长云等，2009）。强有力的中介组织的缺失严重制约了农业产业化经营链条的发展。农产品加工的龙头企业与农民经纪人的组织发展速度落后，使农民脱离了市场发展节奏。目前农产品市场饱和水平较低，广大农民消费水平较为低迷，农产品的生产、加工与销售可获得的经济效益相对较低，但风险较大，阻碍了从事农产品加工和销售的龙头企业、中介组织的发展，最终造成农民与市场的断层，缺乏桥梁与纽带，难以形成多环节的利益共同体。

（2）现有的组织较为松散。目前，我国农户经营规模小、分散化程度高，投资能力弱，经营手段方式相对落后。加上农村人多地少，农户个体家庭经营的现状，农村各类中介组织发展缓慢，而且多数的农民专业合作经济组织没有产权关系，多为松散型的自我技术服务性团体。

3. 农民受益无保障

由于农业产业化经营的利益分配机制尚不健全，农民利益得不到切实保障，这违背了农业产业化经营的根本目的（韩柱，2011）。在以"公司+农户"为模式的运作中，实际上农民的权益受到了严重的威胁，多数农民尤其是落后地区的农民获取信息较为困难，抗风险能力弱，在产业化经营中缺少主动权，在与公司决策中经常遇到"哑巴吃黄连"的状况。农民受益无保障问题的存在，导致部分地方农业产业化经营发展缓慢、质量低、企农关系不顺等。因此，建立科学、合理的利益分配机制，是促进农业产业化经营健康发展的关键环节。

4. 软环境建设力量薄弱

软环境是制约农业产业化发展的又一瓶颈（陈继红和杨淑波，2010）。农业服务体系建设的滞后阻碍了农业产业化发展的步伐。农业产业化经营的发展，需要农业服务部门的同步发展，传统意义上的服务内容已经与现代化农业发展相脱节。农技、农资、供销、农机及农经等乡镇为农服务部门升级较慢，大多数还停留在农业生产的产中服务上，而对产前市场信息引导和产后加工销售的服务还有待加强。

5. 农民科技素质较低，使农产品生产局限于低水平、小规模发展

农业产业化要求农业增长方式由传统的粗放型向现代的集约型转变，而知识和技术的集约应该是转变的核心，因此提高农业从业人员的科技文化素质，从根本上解决制约农业产业化进步的问题才是关键。

3.3 中国西部农业经营组织的探索创新

3.3.1 国外发达国家农业产业化经营组织

农业产业化经营组织最早于20世纪50年代产生于美国，然后传入西欧和日本。

在美国，根据农业关联企业与农业结合的方式和程度不同，将垂直一体化农业经营组织形式分为两类：一是农工商综合体，在农工商公司和农场主企业的联合经营活动基础上形成，把农用生产资料的制造、供应，农产品的生产、收购、储藏、运输、加工、销售等相互联系起来，从而形成系统的一体化农业体系，农业生产只是这个体系中的一个环节；二是农业合作社，是由农场主联合投资举办的供应生产资料和销售农产品的一体化企业。

在日本，农业协同组织是农业产业化经营应用最多的组织形式，其成员主要

是中小企业者。由农业协同组合牵头，组织农业生产资料生产、供应和农产品收购、加工、储运、销售等。日本农协具有较大的影响力，实力雄厚，从某种意义上讲，它既是日本农村极具优势而颇具垄断地位的"综合商社"、"银行"和"保险公司"（赵占平，2002），又是开展与农民生产、生活有关的各项业务、非营利的准政府机构。对政府而言，农协充分代表了农业、农村和农民的利益；对农民而言，农协又是政府一系列法律、政策的代理执行机构。日本农协之所以在促进农村发展中具有如此大的影响力，主要因为有政府立法的支持、农协兴办实体支撑和健全的组织机构（谢栩，2009）。

在瑞士，其农业产业化分为以下几种类型：一是龙头企业带动型。较大的农场都配有自己的加工企业，如乳制品加工厂、冷藏库、蔬菜加工保鲜厂等。有的加工企业除了完成自身产品加工外，还带动周围部分农户发展生产。同时，企业为农户提供种子等服务，规定农产品质量标准，按订单收购。对有机产品和一般产品实行分类加工和销售。二是市场带动型。瑞士的农产品市场中，主要的零售渠道是超市。为了保护农户的利益，瑞士成立了全国农产品销售协会，并且各地区设有分会，会员由生产者、销售者组成，定期召开会议，对近期农产品价格进行协商，并公开发布，生产者可以根据最新公布的价格，随时调整生产（李宾和马九杰，2015）。三是合作社型（行业协会）。农民都是当地协会会员，协会的资金由农民按产值的2%上交，协会为农民提供物资、技术、信息和销售服务，年终有利润再返还给农民。当地90%的蔬菜、水果都由农业合作社销售（税尚楠，2013）。

纵观国外农业产业化经营组织发展过程及其经营形式，得到以下启示。

1. 因地制宜，选择适宜的农业产业化组织形式

从发达国家农业产业化组织形式看，不同的国家，国情不同；不同地区，市场发育程度、自然禀赋及农业产业的成熟度不同，选择的农业产业化组织形式各不相同，而且同一地方几种基本组织形式可以并用，不能千篇一律，也不能简单地说哪种更好，只能说哪一种更合适。一个国家、一个地区、一个产业、一个企业，应该选择什么样的组织形式，要视不同情况具体分析。在选择农业产业化组织形式时我们不可能照搬美国、日本等发达国家的模式。因地制宜地选择农业产业化组织形式是必要的，具体应遵循以下原则：①要根据不同地区的具体情况来确定适宜的组织形式。生产力发展水平和资源状况是影响产业化组织形式的决定性因素（刘秀清，2011）。②要根据不同的发展阶段来确定适宜的组织形式。农业产业化的发展是一个循序渐进的过程，市场契约先于组织契约，不同的市场发育状况和产业成熟度将直接影响农业产业化经营组织形式的选择。③要根据不同产品的特点来确定适宜的组织形式。农产品种类繁多，各自有其独特的生物特性和消费特点。种植业与养殖业不同，粮食作物与经济作物也不同，各具特色。因此，

对不同类型、不同用途及加工程度不同的农产品,选择不同的组织形式。

2. 农业产业化组织形式是一个不断发展、完善和创新的过程

农业产业化组织形式的发展同样是一个组织程度由低到高、由不成熟到成熟、由不完善到完善的过程。不断进行组织形式的改革与创新是农业产业化发展的重要保障,这是发达国家农业产业化组织形式给我们的一个重要启示。

3.3.2 国外发达国家农村合作经济组织

国外农村合作经济组织的发展表现出以下几个特点。

(1)治理结构公司化。随着世界经济一体化的不断发展,市场竞争的不断加剧,农村合作经济所面临的外部环境发生了巨大的变化,这导致合作组织逐步走向公司化,具体表现为服务赢利化、经营外向化、管理精英化、要素资本化(于明丽,2009)。

(2)横向集中化趋势。第二次世界大战以后,随着市场竞争的加剧和合作组织经济规模的扩大,发达国家的农村合作经济组织出现了明显的横向集中趋势,被西方称为"结构转换",具体表现为基层农村合作经济组织数量减少、每个基层合作经济组织的社员人数增加,合作经济组织营销规模和市场占有率扩大。

(3)纵向一体化趋势。纵向一体化的农民合作,是传统农业合作的升级,它与市场竞争紧密联系,是近年来农民合作一体化的主要趋势。纵向一体化不仅延长了农业产业链条,提高了农业的比较利益,而且使合作组织中的农户获得了主动权,农业产业的既得利益有效地回归于农户手中,真正达到了以农户为本的目的。

(4)股份合作化趋势。市场经济条件下,合作制和股份制是两种截然不同的企业组织形式,劳动和资本的联合导致了它们之间差异化的运行。随着农村合作经济的不断发展,现代农村合作经济开始趋向于股份制合作经济发展趋势。农业生产的特点,促成了农村合作组织的建立,由于农业资本稀缺,伴随着现代市场经济的竞争加剧,股份制合作企业的产生与发展成为不可逆转的大趋势。

国外农村合作经济组织发展的经验启示如下。

(1)合作经济是社会经济发展到一定阶段的产物,合作组织的存在与发展的动力在于其组织特性。在相对不均衡的社会经济条件下,通过合作可以提高经济社会中的弱势群体的市场竞争力(夏金梅,2014)。合作经济之所以得到了政府的支持,是因为合作组织的特定社会功能在一定程度上成为政府借以实现社会经济和政治目标的重要中介。从社会经济条件来看,只要存在社会分工,只要存在商品经济,就有产生合作经济的可能。

（2）农业生产的特点决定了农村合作经济组织建立与发展的必然性。与其他部门相比较，农业合作更多地适应了产业的特点。农业生产的生物性、地域的分散性，以及生产规模的不均匀性和农村市场发育的不完善，导致农业生产者天然处于一种弱势地位，而农村合作组织的建立在一定程度上解决了这一问题，并更加显现了其组织作用，因而它不仅得到广大农业生产者的大力支持，而且也获得了来自政府的维护和扶持。

（3）遵循合作社的基本原则是农村合作经济健康发展的保证。民主管理、社员农户拥有产权中的剩余索取权、资本的报酬受到限制等原则能够集中反映农村合作经济组织制度特征（谢栩，2010）。

（4）西方国家的农村合作经济组织主要有专业性合作经济组织、综合性合作经济组织和区域性合作经济组织三种类型，其中以专业性合作经济组织的发展活力最高。在专业性合作经济组织中，更多的是产前、产后服务性合作经济组织。

（5）农村合作经济组织必将随着社会经济的发展变化而不断发展和完善。随着合作经济所存在的外部环境的变化，合作组织自身因素的不断变化，合作经济组织处于不断发展和完善的过程中。当代西方各国的农村合作经济组织，已经突破了传统的罗虚戴尔原则，实现了组织管理现代化、合作机制紧密化、外向型经营、规模化经营、一体化经营、服务专业化、综合化和大型化、股份化及政府支持的体系化等，从而使农村合作经济组织越来越趋向于现代企业组织（高鹏和傅新红，2014）。

通过借鉴国外发达国家和地区农业经营组织的经验，为探索中国西部农业经营组织的创新模式奠定了一定的理论基础。

3.3.3 西部农业经营组织探索创新的理论基础

现代农业是在现代工业、现代科学技术和现代管理方法的基础上综合发展来的，是现代化的农业生产力与农业生产关系的总和。现代农业是相对于传统农业和不发达农业而言的。传统农业是由粗放经营的原始农业逐步转化而来的。而相比传统农业，现代农业又有了进一步的飞跃，现代农业的技术路径、制度路径、结构转换路径都朝着科学化、系统化、现代化的方向发展。

农业现代化是传统农业向现代农业多层面演进的过程。农业现代化的实质和核心是化"农"，这是一个农民比重大幅减少、农业比重大幅下降、城市化水平大幅提高的历史演进过程。从概念属性来看，现代农业属于静态范畴，是农业现代化的一个状态；而农业现代化则是一个动态范畴，是实现现代农业的一系列过程。纵观人类社会农业发展史，可以看出由传统农业向现代农业转变，是世界农业发展的共同趋势。从理论和实践要求来讲，农业现代化包括技术装备现代化和经营管理现代化相辅相成的两个方面。从现代农业经营制度层面分析，现代农业制度的基本框架主要包括土地实行家庭经营制、农户实行合作制和农业企业实行股份合作制三个核心内容。综合以上概述，对现代农业制度定义如下：以专业化农户为基础，以双层经营体制为主要特征，在国家支持保护下的农业产业化经营体系。

3.3.4 西部农业经营组织探索创新的目标任务和内容

1. 培育西部地区农业产业化经营组织，以农业龙头企业作为准中介

20世纪90年代初，面对农村改革与发展中出现的诸多矛盾，在不动摇家庭承包制的前提下，中国农业生产经营形式和产业组织形式究竟应当如何调整与变革，如何使家庭承包制适应农业市场化和现代化发展的客观要求，促进农业生产力发展和农民增收。发端于山东省的农业产业化经营实践，为当地农民增收创造了很好的途径，逐步在全国得到推广，并得到政府的肯定和支持。1997年9月召开的党的十五大正式提出"积极发展农业产业化经营，形成生产、加工、销售有机结合和相互促进的机制，推进农业向商品化、专业化、现代化转变"。从此，"调整经济结构，实施农业产业化经营"成为政府工作的主旋律。

通过龙头企业的示范来带动农户致富是制度安排的初衷，由此一些龙头企业的建立得到政府的大力支持，并且确实起到了带动农户致富的作用。但随着市场化改革的深入，政府逐步退出竞争领域，对龙头公司扶持力度逐渐减弱。在利益分配上，龙头企业与个体农户竞争力悬殊，使农户处于弱势地位，大部分的收益被龙头企业获取。为了改变这一状况，农户之间需要组织起来，结成利益共同体与公司抗衡。目前，在"公司+农户"这一产业化经营基本模式基础上，已经衍生出"公司+基地+农户""专业市场+农户""公司+合作经济组织+农户"等不同类型的产业化组织模式，出现了农民专业合作经济组织相融合的农户组织化模式，如产业化经营与农民专业合作社等。产业化经营与中国农业基本经营制度相衔接，具有旺盛的生命力，农业产业化经营带动模式已成为带动农户经营组织化的重要产业组织形式（徐明磊和姚会敏，2013）。

西部地区农业产业化龙头企业成长过程中在税收、信贷等方面得到地方政府的大力支持，内部发展需要的原材料主要来自于农户生产，因此其经营战略定位必须与农户、生产基地密切关联。

（1）以区域农业比较优势为基础强化企业核心竞争力。企业核心竞争力是企业发展的主动力，从总体上看，各地龙头企业规模偏小、科技素质偏低、外向度不高、市场竞争力不强、对农业的带动乏力，企业经营过于追求多元化发展，大而全、小而全是企业发展的通病，缺乏核心竞争力（魏延安，2013）。西部地区龙

头企业培育与发展必须避免这样的模式,应该根据区域农产品优势,着力打造品牌,通过品牌实力的积累,塑造良好品牌形象,建立顾客忠诚度,从品牌的定位、设计、发展与推广、保护出发,最终达到创新名牌和发展名牌的目的。实践已经证明,只有执着于专业化,才能提高效率、降低成本、增强市场竞争实力,才能凭借优势将企业做大做强,最终带动农户生产扩大、收入提高。这一战略定位也符合政府对龙头企业发展提供扶持的目的。

（2）本着互利双赢的原则夯实农产品生产基地。农业龙头企业生产原料来自农户生产,在激烈的市场竞争中,企业需要稳定的原材料供给,建立企业与农户生产的稳定关系是必要的保证,因此建设农产品生产基地应成为西部地区农业龙头企业经营战略目标之一。在基地建设方面,龙头企业应加大前期投资力度,提供必要的技术、资金和管理支持,从某种程度上讲,要"让利于民",让农民看到与企业联合的利益,在企业形象上成为农户增收的带动者,通过诚信交易、规范化合约,建立与农户的密切关系,达到互利双赢的目的。

2. 构建西部地区农民专业合作经济组织

在农业产业化经营组织形式中,农户处于相对弱势地位,法人主体地位缺失,不具备独立承担民事责任的法人资格,不能以市场主体身份参与经济活动,相应的权益无法得到保证,对专业化、市场化和社会化的农业产业化经营,农户难以参与其中。适应农业市场化、产业化、专业化要求而联合建立起来的新型专业性合作经济组织,如专业技术协会、行业协会及各种专业合作社等经济法人组织,可以较快地沟通和传递市场、科技信息,适应市场需求变化,减少生产盲目性;可以减少中间环节、降低成本,提高竞争力;可以通过利益的纽带和内部章程,约束农户经营行为,通过专业化生产经营将不同农户组织起来,提高其谈判地位;可以使农户获得独立的法人资格,使农户真正成为市场竞争的主体(王旭,2013)。同时,它们以农业家庭承包经营为基础,以尊重农户的市场主体地位和合作意愿为前提,既能体现农业家庭经营活动的内在要求和独特优点,又能克服广大分散的小规模的农户家庭经营的弊端,实现家庭承包基础上的外部规模经济和规模经营效益,从而把农业家庭经营与农业专业化生产、社会化服务和农业规模经营有机统一起来。

国内外的实践证明,合作经济是引导小农户进入市场的最佳途径。中国的农民专业合作经济组织是一个组织体系,包含了不同的组织形式。这就需要我们在分析农民专业合作经济组织内在成长机理的基础上,构建农民专业合作经济组织体系,不断完善其内在运行机制。同时,还要认真贯彻执行《中华人民共和国农民专业合作社法》等相关法律,积极引导农户成立各种农民专业合作经济组织,促使农民专业合作经济组织的规范化运行,加强对各类农民专业合作经济组织的政策支持，使农户真正成为农业产业化经营的受益者。

西部地区合作经济组织要根据各自发展阶段确定合适的经营战略，起步阶段的合作经济组织与成熟阶段的合作经济组织战略目标有所不同。

（1）起步阶段应以提高农户参与市场竞争实力为主要目标。通过合作经济组织的管理，提高农户生产的农产品品质、提高经营诚信度，规避农户违约的道德风险，加强与其他经济组织间的合作，努力提高市场竞争力。

（2）成熟阶段应以提高综合服务水平为主要目标。随着合作经济组织发展壮大，组织结构日渐完善，法律地位进一步明确，组织实力不断增强，战略目标应该及时调整为为社员提供多元化服务，包括资金、技术、信息、农资供应、产品销售、深化加工等各方面，着力打造经营品牌，规范合作社管理，在组织形象上成为农户值得信赖的组织者或代言人。

3. 整合西部地区农业经营组织，构建农业产业组织体系

农户经营组织整合是指在保持稳定家庭承包经营的前提下，以农业产业化为依托，将分散、细碎的小农户经营按照公司制、股份制、合作制或合同制方式，从横向、纵向两个方面重新整合为适应农业产业化、市场化、国际化发展要求，且有利于推进农业一体化的新型农村经营组织形态，其中包括各种农村合作经济组织，目的是适应市场经济发展，改变广大农户经营组织自身的不利地位，通过劳动与资本联合，在劳动和土地联合为主的基础上进行整合，以提高农户经营的产业化、规模化、组织化水平（刘春伟，2015）。

中国的农户经营组织发展表明，农业产业化经营组织和农民专业合作经济组织两种组织形式，都很好地实现了农户经营的组织化发展，促进了农民收入水平的提高。但是，没有将二者进行很好的联结，这导致农民收入增长缓慢。两种组织形式是农户经营的两个密切联系的方面，必须进行有效整合，构建一个推进农户经营组织化发展的农业产业组织系统，建立农民增收的长效机制，才能促进农民收入水平的提高。

4. 构建西部地区农业经营组织化发展的支持保护体系

中国关于引导农民微观经济组织创新的政策大体上是按照农业产业组织化和农户组织化两个思路进行的。严格意义上讲，这两个思路实际上都没有使农户这一微观经济主体发生实质性改变。从整个农业生产和经营角度来看，不管是农业产业化经营组织还是农民专业合作经济组织，都可以改变以往单个农户在市场中的不利地位，甚至可以说，这两种途径其实是外在地扩大了农业经营的规模，从而提高了单个小规模农户在市场上的竞争力（刘德金，2014）。从结果来看，农业产业化经营组织和农民专业合作经济组织这两种组织方式的确是实现了中国农业

微观经济主体的组织创新。但是，这两种组织方式其实是一个问题的两个方面，二者之间存在天然的融合性，共同内生于产业组织体系中。因此，需要对这两种"组织链"进行有机整合，将二者共同纳入农业产业链体系中。

由于农业的弱质性和农民的弱势性，加之农业在国民经济中的基础地位，要求在农业产业链的构建当中必须充分发挥政府的支持和保护作用。政府应转变观念，从整个农业产业组织体系出发，不仅要从宏观上对整个农业产业结构调整和产业布局进行规划，而且要在微观上对农户经营组织进行政策支持、引导和保护；不仅要对龙头企业进行扶植、培育，而且要对农民专业合作经济组织进行支持和保护，更要对二者进行协调，构建农户经营组织化发展的支持保护体系，推动农业产业链不断延伸和稳固发展，建立促进农民增收的长效机制。

第4章　中国西部传统农区农业经营模式创新研究

4.1 农业经营模式的变革

新中国成立以来，农业经营模式不是一成不变的，不同的经济发展阶段存在不同的农业经营模式。

4.1.1 新中国成立初期的农民所有、个体经营模式

旧中国的封建土地制度极不合理，占农村人口总数不到10%的地主和富农占有70%~80%的土地，而约占农村人口总数90%的贫农、雇农和中农只占20%~30%的土地。这种土地所有制是中华民族陷入贫困落后的经济根源，因此变封建地主土地所有制为农民的土地所有制，解放农村生产力，是民主革命基本任务之一。新中国成立时，仍有1.4亿多个农村人口的老解放区尚未实现土地改革。继续完成民主革命遗留下的任务，彻底解决中国农村土地占有的不合理状况，恢复和发展国民经济，成为中国共产党和人民政府亟待解决的问题。1950年6月30日，《中华人民共和国土地改革法》的颁布，为土地改革实现"耕者有其田"提供了法律依据。新解放区土改开始有计划地大面积展开，到1953年春天，除一部分少数民族地区外，土地改革已全部完成，全国3亿多无地、少地的农民（包括老解放区农民在内），无偿地分得4 660多万公顷土地和大量的生产资料，每年免交地租达350亿千克粮食。土地改革完成后，农民获得了属于自己的土地，并且可以自由地经营，农民既是土地的所有者，又是土地的经营者；土地产权可以自由流动；国家通过土地登记、发证、征收、契税对土地进行管理（龙方和任木荣，2007）。与封建统治时期相比，农民真正成了土地的主人。

4.1.2 农业合作化时期的集体经营

新中国成立后通过土地改革,农民分得了梦寐以求的土地,但随之又出现了许多新的矛盾,因为土地改革是对农村生产关系的革命性变革,对生产资料的平均化配置,不可能带来生产要素量上的直接增长(崔贵芹等,2007)。农业生产资料的严重短缺制约着农业生产力水平的提高;在土地改革的过程中同时出现了贫富分化现象,引起党和国家领导人的重视和担忧。毛泽东说,"解决办法就是合作社,互助社还不能阻止农民卖地,要合作社,要大合作社才行。大合作社也可使得农民不必出租土地了"。并指出,"土地改革后,农民发生了分化。如果我们没有新东西给农民,不能帮助农民提高生产力,增加收入,共同富裕起来……那么工农联盟就很不巩固了","要巩固工农联盟,我们就得领导农民走社会主义道路,使农民群众共同富裕起来,穷的要富裕,所有农民都要富裕,并且富裕的程度要大大地超过现在的富裕农民。只要合作化了,全体农村人民会要一年一年地富裕起来,商品粮和工业原料就多了"。种种原因导致集体所有、集体经营在中国大力推广起来。从互助组到初级社再到高级社的过程的直接后果是废除了土地私有制,使土地由"农民所有,集体经营"转变为"集体所有,集体经营",农村土地制度完全具有了社会主义的性质。

4.1.3 人民公社时期的集体经营

农业合作化完成不久,中国农村很快又掀起了人民公社运动,农村土地政策在所有制方面坚持了"三级所有"体制,在基本核算单位上经历了从"社为基础"到"大队为基础",再到"生产队为基础"的转变过程。之后,"三级所有,生产队为基础"的农业经营模式一直延续下来,直至改革开放。但是集体经营既限制了农村资源的合理开发和优化配置,也限制了农村资源的融合与相互促进,严重破坏了农业经济的发展,损害了农民生活,也就必然引起广大农民群众的不满和抵制。

新中国成立初期农业经营模式的发展说明:只要农业经营模式适应农业生产力的发展状况,就能调动农民的生产积极性,农业就会迅速发展;反之就会挫伤农民的积极性,农业就会停滞甚至萎缩(周立群和许清正,2007)。新中国成立初期建立的个体经营适应了当时农业发展生产水平,随着现实情况变化而进行的农业合作化建立起的集体经营也适应了当时的农业生产力,促进了农业的发展,但到高级社后期,特别是经过人民公社运动建立起的这种高度集中的经营模式,压抑了农民生产的积极性,不利于生产力的发展,给农业和农村经济发展带来一系列严重后果。这些为中国改革开放后农业经营模式的变革提供了经验和教训。

4.1.4 家庭承包双层经营模式

双层经营模式是指农村实行联产承包制以后形成的家庭分散经营和集体统一经营相结合的经营形式。家庭承包双层经营的实施，改变了人民公社时期农民与土地的关系，把集体所有的土地长期包给各家各户使用，实现了土地所有权与经营权的分离，农民获得了土地的经营权，农业的经营方式变为分户经营、自负盈亏的形式。这种经营方式把农民的权、责、利紧密结合起来，调动了农民的生产积极性，受到了广大农民的普遍欢迎。它一方面克服了农业合作化以来农业分配中的平均主义、"吃大锅饭"等弊端，弥补了管理过分集中、经营方式过分单一等不足；另一方面发扬了农业合作化以来集体经济的优越性，实现了有统有分、统分结合的双层经营，这样既发挥了集体经济的优越性，也发挥了农民家庭经营的积极性（罗必良，2005）。这种经营模式符合中国国情，解放和发展了农村生产力，激发了广大农民的生产热情，使农业生产得到迅速发展。

4.2 西部传统农区农业经营模式的现状和不足

4.2.1 西部传统农区农业经营模式的现状

西部地区具有得天独厚的农业资源优势，光热资源丰富、气候类型多样，农业和农村经济在广度和深度方面发展的潜力巨大。但同时西部也是中国贫困人口的主要聚居区，长期以来，农业耕作方式较为粗放、落后，资源利用率不高，浪费严重。生态环境、农业发展、自然环境的矛盾十分突出。

在家庭承包制基础上，根据西部农区实际情况总结出如下几种农业经营模式：①农户互补联合式经营模式。资金户、劳力户、技术户之间不同形式互补结合，充分发挥各自优势，互补互利、共同发展，提高专业化和规模化程度。②松散式联合经营模式。③农庄模式。种植、养殖相结合，家庭自耕自足为主。④农业经营企业化模式。非农产业较发达的地区，在个体农户为单位经营效益极低的情况下，农业企业或其他投资主体，通过合理合法方式转让取得土地的经营权，自主开展农业规模化和专业化经营。为防止土地经营权转让而造成实质上的农民长期失地现象的出现，应规定转让年限或采取其他防范措施（吴德胜，2008）。

4.2.2 西部传统农区农业经营模式的不足

中国以土地家庭联产承包经营为特色的农业经营模式的确立，使濒于崩溃的农村经济开始得到复苏和发展，结束了中国长期存在的农产品严重短缺时代。但是，随着中国市场经济体制的逐步完善，以家庭承包责任制为基础的经营模式逐渐暴露出以下弊端。

1. "统"与"分"关系把握不准

家庭承包经营的经营模式解放了农业生产力，极大地促进了农业生产。1980~1984年，中国农业总产值年均增长8.1%，成为新中国成立以来农业发展最快最好的历史时期。但是随着经济发展深入，自1985年起，家庭联产承包责任制的"兴奋剂"作用与边际效益开始明显下降，农业增产、农民增收的步伐放缓。原因在于缺乏集体经营管理，不能形成相辅相成的效果。统分关系把握不准，"分"有余而"统"不足的模式便只能是传统的小农生产方式，农村社会则无法拥有可持续发展的内在动力。仅依靠小农方式生产，仅是一家一户的耕作，不向集体化、集约化经济发展，也不能促进农业现代化的发展。

2. 没有充分彰显农民主体地位

自家庭承包经营确立后，经营制度的探索从未停止，但所有最终的制度始终没有抓住彰显农民主体地位这一重点：①在农业现代化建设中过分强调政府的作用，结果形成了"农户+部门"结构，将农民排除在模式之外，间接地损害了农民的利益；②恢复"两社"改革中，政府处于主导地位，垄断了行政及经济资源，阻碍了农民自主合作经济的发展；③面对不断兴起的市场，将农民的劳动和公司的资本"绑架"在一起，即实行"公司+农户"的模式，导致劳动被资本掌控，形成了资本家富裕、农民贫困的局面（刘洪亮和徐鹏杰，2009）。

3. 没有全面认识适度规模经营风险

与传统分散农户经营相比，适度规模经营的风险的严重性体现在以下方面：①更多的风险，包括农业经营的一般风险和规模经营的风险。其中，规模经营的风险又包括自然风险和市场风险等。如果生产经营主体把握不了"适度"，就会导致适度规模经营的收益低于成本，或经营主体所获得的收益低于适度规模经营所能获得的收益。②更大的专业化导致的损失。因为专业化是规模经济的内在要求，而专业化意味着种植单一，单一的作物会带来更大的风险及损失。③更大的市场与决策风险。因为农产品价格具有滞后性，且生产季节和周期性强，农户通常根据经验种植，较少考虑到市场的变化及需求，这会增加经营风险，甚至会出现作物增产但收入减少的"伤农"现象。

4.3 中国西部传统农区经营模式创新

4.3.1 国外农业经营模式

目前，国外发达国家现代农业已发展得较为成熟，发展中国家也在探索农业经营模式的转型。现代农业是指依靠现代物质条件装备农业，应用现代科学技术改造农业，建立现代产业体系提升农业，采取现代经营形式推进农业，树立现代发展理念引领农业，通过培养新型农民发展农业，最终达到提高资源利用率、劳动生产率，改善生态环境，提升农业综合生产能力，实现农业现代化的目标。国外的农业经营模式大致可分为以下几类。

1. 农业畜牧业结合的经营模式

人地关系紧张、水资源匮乏的以色列采取农牧结合的经营模式，在农业发展的同时兼顾畜牧业生产，大大减轻了饲料进口依赖。通过十多年的努力，农业生产获得了迅速发展，农业总产值的年增长率始终保持在15%以上。在东南亚地区，菲律宾按生产结构不同，发展了畜牧业与种植业结合型、旱地农牧渔结合型、旱地农牧结合型等多种成功的农牧结合模式，通过不断探索，逐步提高了生态农场的生产率、稳定性、持久性和均衡性。

2. 农业规模化、专业化经营模式

国外一些现代农业较为发达的国家，鉴于其土地、劳动力和工业化水平，在发展规模化、专业化现代农业模式方面，也取得了较为成熟的成果（杨舟等，2006）。

（1）规模化、机械化、高技术密集型模式。该模式主要是用于一些土地资源丰富而劳动力相对缺乏的国家，其中，美国和巴西是发展技术密集型现代农业的代表国家。美国广泛推广农业机械化来提高农业生产率和总产量，从而成为农业出口量最大的国家（纪宝成和杨瑞龙，2004）。巴西则大力推广农业新技术，并制定多项鼓励政策，提高农业发展潜力，技术密集型现代农业模式效果初显。同时美国通过农业规模化、专业化经营发挥区域及产业优势，降低了成本，提高了生产率，反过来又推动了农业及其他产业的发展。

（2）资源节约和资本技术密集型模式。劳动力充裕而耕地短缺的国家，适合于发展资源节约、资本技术密集与高附加值作物的现代农业。荷兰的农业秉承精耕细作，通过发展附加值高的温室作物成为全球第三大农产品出口国，蔬菜、花卉的出口居世界第一位。日本农业采用合作化的土地节约模式，由农业协同组织联合分散农户形成劳动集约经营（侯军岐，2003）。

（3）生产集约、机械技术与制度变迁型模式。该模式主要适用于在土地和劳动力适中的国家，法国、荷兰就是典型代表。法国发展现代农业以进行农业制度变革为主要特色，典型的制度有"一加一减"制度。"一加"是指防止土地分散，国家规定农场主的土地只允许让一个子女继承；"一减"是指分流农民，规定年龄在55岁以上的农民，必须退休，由国家一次性发放"离农终身补贴"。同时，法国政府还推行农场经营规模化、生产方式机械化，并且引导农业发展专业化和一体化。根据自然条件、传统习俗和技术水平，对农业进行统一规划，合理布局，形成了区域专业化、农场专业化和作业专业化（程文兵，2008）。

总结国外发达国家农业经营模式，我们可以得到如下启示。

第一，农业发展的重点是生态型、增收型农业。早期现代农业的发展在运用大量高科技产品及技术时，带来了不可避免的环境问题，而且近年来农业发展与环境污染的矛盾越来越严重，世界各国也越来越重视发展与环境保护之间的和谐关系。生态农业是以资源集约、技术集约和劳动集约为特征，以可持续发展为目标的农业形态和模式，符合现代农业发展的基本要求。

第二，大力构建现代农业产业体系是主要措施。高效率的现代农业产业体系，能发挥区域、资源和产业优势，发展"种、养、加""科、工、贸"产业一体化（宋英杰和陈银春，2008）。用尽可能少的自然资源，在尽可能短的周期内生产出尽可能多而优的农畜产品，以获得尽可能高的经济效益，达到或维持尽可能好的生态平衡。因此发展优势产业和主导产业，构建农业产业体系和提高规模效益已成为发展现代农业的重要举措，也是农业经营模式的一次重大改革。

第三，加强推广农牧业结合的农业经营形式。农牧结合的农业生态经济系统，能有效规避风险、实现农牧业持续发展、增加收入。种植业能为养殖业提供物质基础，如饲料与肥料，反过来养殖业能为种植业提供养分，如有机肥，二者相辅相成（张岳恒和黄仕勇，2008）。

4.3.2 农业经营模式创新含义及基础

农业经营模式创新是农村生产关系适应生产力发展要求的一个必然产物，是农户小生产与大市场、农业产业分割与市场经济矛盾运动的结果，是一个根本性的制度创新。仅农户自发的产业化发展、企业化发展不是解决问题之道，同时需要政府的政策、资金、技术、人才等方面的支持。从根本上讲需要从经营形式及经营方式上同步创新。创新方向是必须符合集约经营的要求，走专业化、规模化、一体化、商品化和社会化的农业发展道路。自新中国成立至今，中国农业经营模式先后完成了两次大的创新，目前正处于"以双层经营体制为基础的专业合作经营模式"的阶段（宋英杰和陈银春，2008）。在人地关系高度紧张、农村剩余劳动力转移困难、参与市场竞争有"功能性缺陷"等矛盾的情况下，西部传统农区必须走以专业户为基础，发展集约经营、山区精准农业的现代农业经营模式。

（1）以家庭经营为基础的农民专业合作社。农民专业合作社是在家庭承包制基础上，同类农产品生产经营者或同类生产经营服务的提供者、利用者，自愿联合、民主管理的互助经济组织。从短时间上看，人地关系紧张问题在较短时期内不会改变土地零散分割的局面，发展合作经营有利于提高农业经济效率。

（2）精准农业的经营模式。精准农业一般有如下特征：投入基础高、集约经营、采用高技术、时空精确。所以小农家庭经营不一定低效率。家庭承包经营以手工劳动为主，很难获得规模效应，只有采用先进的科技和生产手段的适度规模的家庭承包经营才能获得规模效率（蔡荣等，2007）。在经济落后、小规模经营的西部农区发展适度规模的精准农业，既符合西部农业生产的特点，也符合市场经济的要求。

4.3.3 农业经营模式创新

（1）进行产业制度、管理制度改革，为农业产业体系的建立扫除障碍。明确政府政策职能，加强中央统筹管理和控制的职能，改革相关农业制度，如农产品流通制度，逐步建立起农产品生产、加工、销售和贸易一体化管理体制（唐春根和李鑫，2007）。从制度上保证农业产业化，使农业和农民获得非农产业的比较利益，从而增加农民收入。

（2）在完善中国农村现行的土地家庭经营制基础上，完善土地产权制度，推进土地流转和规模经营，大力发展农业专业合作组织，保留以家庭承包为基础、统分结合的双层经营体制，这有利于保证农民真正拥有土地使用权。在此基础上，建立健全土地使用权流转、出让机制，允许农户在承包期内按照国家有关法规、政策有偿转让其土地使用权，以追求土地利用效益的最大化。同时制定优惠政策鼓励农户土地使用权的有偿转让或长期租赁，推动土地向专业农户、种粮大户集中，推动适度规模经营方式的发展。再者，积极将小规模分散经营的农户组织起来，构建农民合作社，实现规模化、专业化经营，以解决规模经济效益问题和小生产与大市场的矛盾。农民合作社等农业合作经济组织的建立既能提高农民素质、反馈服务于农户，又能推动现代农业发展，增加农民收入，增强农民抵御市场风险的能力。

（3）加快农业市场化进程，发展现代股份公司经营型农业企业，培育农业企业家。首先，改革开放必然要求农业市场化，这是促进农业发展的内在要求。

农业市场开放程度越大，越有利于农业增长与发展和产业结构调整。其次，必须通过大力发展现代股份公司经营型农业企业和培育企业家来推动农业的生产社会化、发展产业化、运营市场化的实现。家庭经营制、农业合作经营制是现代股份公司经营型农业企业发展起来的基础，是经济发展过程中较高级的农业经营模式，允许农户直接以土地经营权或劳务等方式入股，或通过农业合作组织入股，农民从小生产者的角色转变为投资人（赵德余和顾海英，2005）。这种现代企业具备较强的创新能力，面对市场变化反应迅速，权责及利益分配制度明确。

（4）农业产业形成节约资源的生态型系统一体化。资源节约型、生态保护型的生态经济产业系统一体化经营是农业产业一体化的理想发展模式。具体表现为农牧业产业"纵横结合一体化"，它将农牧业横向与纵向一体化有机联结起来。种植业、养殖业与加工业互相推动发展即"横向结合一体化"的农牧业产业；而"纵向结合一体化"的农牧业则是指种养业生产、加工业、贮藏业、销售等产业链上的垂直联合。通过农牧业"纵横结合一体化"形成各个主体联结的"合作社+农户+公司+专业市场"的生态型农牧业系统一体化模式，该模式有以下优势：一是为农户从事种植业与养殖业提供生产资料、资金、信息，以降低生产成本；二是农畜产品经公司加工，农户享有生产外其他环节的利润，扩展了增收空间；三是为农户销售农畜产品提供交易平台、信息和销售渠道，从而避免盲目生产的损失，规避产品销售风险。

第5章 中国西部传统农区农业经营组织和经营模式选择及构建路径研究

农业是中国西部地区的主要产业,农业经营组织和经营模式是解决"三农"问题的有效途径。在此,我们有必要对中国西部传统农区农业经营组织和经营模式进行选择,并研究其构建路径。从调研数据来看,中国西部传统农区农业经营组织和经营模式没有规范化的模式选择,是依赖于怎么好、怎样搞的思想。

5.1 中国传统农区农业经营组织和经营模式

5.1.1 中国传统农区农业经营组织存在的差距

相对于国外发达地区农业经营组织治理结构公司化、横向集中化、纵向一体化、股份合作化趋势,中国传统农区农业经营组织还存在着很大的差距。例如,中国发达地区的农业经营组织,依据中国国情,农业适度规模经营逐步发展,积极引导农民发展农业适度规模经营,逐步改变传统的农业组织结构与超小规模经营方式,这是加快发展农业生产力、合理配置农业资源的成功之路;而且农业龙头企业经营规模逐步扩大,意味着支配农业资源的能力在扩大,提高了带动农业规模经营的能力,增强了农业资源合理配置的影响力。近年来,中国沿海发达地区,在开拓农业经营组织方面积极地向海外先进的农业经营组织学习,扬长避短,积极利用全国各地丰富的农业资源和广阔市场,逐步输出本地区具有一定优势的人才、科技、资金、管理、销售网络等资源,大力发展异地农业,初显成效。

总体而言,中国传统农区农业经营组织在市场化、国际化、现代化的进程中都相对落后,但是就中国西部欠发达地区来说,表现得更加明显。就农业经营组织来说,制度建设滞后于经济的发展;产业化经营缺乏区域特色和区域优势;产业化经营组织整体竞争力弱；农产品生产、加工产业链短；政策扶持力度不够；中介组织力量薄弱；农民受益无保障；基础设施严重不足；软环境（科技投入、文化教育等）建设力量薄弱；农民科技素质较低，使农产品生产局限于低水平、小规模发展。这些因素导致了中国欠发达地区农业经营组织与海外甚至是国内发达地区的农业经营组织存在着巨大的差距，也就提醒我们欠发达地区农业经营组织的发展迫在眉睫。

中国西部传统农区农业经营组织形式，从负责人受教育程度来看，农业专业大户受教育的文化程度普遍偏低，但大多数都参加过相关的培训，并且超过三分之二的农业专业大户曾经有过非农就业经历；而农业合作的经济组织，高学历负责人偏少，参加过相关培训的农业合作经济组织负责人占绝大多数，并且曾经有过非农就业经历；然而龙头企业的负责人则受教育程度相对较高，在37位农业龙头企业负责人的调研中，63%的文化程度为大专及以上。

从农业经营组织结构来看，组织负责人的身份中，大户或技术能人所占比例为55%，组织为大户牵头组建的比例达到58%；在组织社员缴纳股金情况中，缴纳与不缴纳各占50%；同时合作经济组织中出资成员与非出资成员之分、核心成员与非核心成员之分分别占到53%和58%的比例；对成员加入组织时的要求，按重要性从高到低依次排序为户口、生产品种、种植面积、专业技能、饲养规模、其他；合作组织的部门中，90%的组织有成员大会、48%的组织有成员代表大会、75%的组织有理事会、58%的组织有监事会、5%的组织有其他部门；每年成员大会召开次数中，两次以下（含两次）所占比例为75%；表决方式上，53%的组织是一人一票制、33%的组织是一股一票制、18%的组织是一人一票，适当照顾股金票；仅有一个组织实行一人多票制；95%的组织对成员按照交易量返还利润，50%的组织采取按股分红与按交易额返利相结合的收益分配方式；在销售社员产品方式上，54%的组织采用中介推销、17%的组织采用赊销、29%的组织采用买断；在采用赊销或买断的销售产品方式中，采用事先的协议价或协议价和市场价中较高的价格来购买社员产品的组织，均占比例19%，采用市场价收购的占29%，随行就市但价格优于市场价的占33%；合同方面，仅有15%的组织没有和农户签订购销合同。

5.1.2 中国传统农区农业经营模式

中国要维持农村经济的持续增长，改善农民生活水平，就要坚持农业产业化经营，改进农业和农村经济结构。在农村商品经济发展过程中，农民通过生活实践得出，生产经营模式就是农业产业化，主要是围绕以资源为基础，以市场为导向，以产品为龙头，以不同所有制形式的企业为依托，多数以"公司+基地+农户"

的形式，实现生产规模化，农业、工业、商业一体化，产、供、销全方位的生产经营模式。

现在中国农业产业化经营模式主要有以下几种模式：龙头企业带动型（龙头企业+农户）、专业市场带动型（市场+农户）、特色主导产业带动型（规模特色产业+农户）、服务组织带动型（服务组织+农户）、农业园区带动型（农业高新技术园区、示范园+农户型）、中介组织协调型（"农产联"+企业+农户）、其他组织模式（主要是以上几种模式衍生出来的）（农业部农业产业化办公室，2004；万伦来等，2010；雷俊忠等，2003）。以上几种模式是当前中国农业产业化经营的几种典型模式。在现实的农业生产活动中，结合当地的生产力发展水平，各地主要还是采用一些非典型的农业产业化经营模式。由于西部各地经济和科技水平不同，各种产业化模式好坏难分。但不管哪个模式，它们都能够在适合的地点发挥有效的功能，使小农户步入社会大市场，加快产业化的发展，增强市场农业自主发展的能力。

实践证明，农业产业化经营体现了农业先进生产力的发展要求，是提高农业和农村经济结构战略改进的现实抉择，是实现传统农业达到现代化农业的必经道路，是农业从粗放经营调整到集约经营的主要改进方式，是工农业由非平衡发展转向平衡发展的载体，对促进农业和农村经济发展，加快实现农业现代化具有重要意义。西部地区的环境与地理条件限制，使山区、半山区、平原、高原等不同的地区有着不同的经营模式，而每一种经营模式又会有不同的搭建模式。是靠市场、农民自发、政策引导、政府扶持、龙头企业带动，还是靠品牌农业，这些都取决于中国西部各地区的环境条件，而且当前大多较发达地区还是选择龙头企业的带动或者是建立品牌农业模式，这样的经营模式在发达地区已经具有较好的发展前景，在西部也是较好的选择。

5.2 中国西部传统农区农业经营模式的选择

中国西部农区农业经营模式，相对于国外发展较早的农业产业化模式较落后，国外的模式总结起来主要有农工商综合体、合同制和合作制三种模式。而国内的农业产业化经营模式主要有以上提到的几种。欠发达地区，由于其特殊性，也只有经过长期探索之后才能找到合适的农业经营模式。

本次调研数据显示，西部农区农业合作经济组织的生产资金来源中，个人（合作社或公司自有资金）占31%，银行或信用社贷款占27%，社员共同筹资占21%，累计比例达79%。组织销售农产品的主要渠道中，通过合作社统一销售占34%，通过销售人员到市场上销售占21%，公司等集团客户订购占15%，超市订购及商贩上门收购各占12%。产品认证方面,40%的组织有无公害基地(农产品),25%的组织为绿色农产品,10%的组织为有机产品。组织的名牌农产品情况中,国家级名牌仅有1家,省级名牌与贴牌各有3家,市级名牌有8家,约有61%的组织没有任何名牌农产品。组织获得信息服务的途径频数从高到低依次是电视、广播、报刊和专家或农技员的指导、自学、政府部门宣传、网络。组织在政策支持需求方面,按频数从高到低依次是政府资金(或项目)扶持、金融信贷扶持、农业信息和技术服务、农资价格优惠、农业保险扶持、土地流转服务、农产品销售服务,以及用水、用电等价格优惠和税收优惠。组织经营模式中,"公司+合作社+农户"占28%,"公司+基地+合作社+农户"与"专业协会+农户"各占23%,"合作社办公司+农户"与"基地+农户"各占15%,"公司+农户"与"公司+专业协会+农户"各占5%。享受过政府支持项目的组织中,财政补助补贴的占60%,人才和技术培训的占63%,贷款支持的占38%,税收优惠与土地和其他物质支持的各占25%;政府扶持资金50%的组织选择量化到个人。组织为社员提供技术服务的占75%,提供产品销售保障的占83%,提供更便宜、质量更好的农资的占43%,通过加工农产品提供更多的价值增值的占15%。只有两个组织赋予新老社员的权利有所不同,45%的组织从公共积累中提取公积金,25%的组织提取公益金,33%的组织提取风险基金,28%的组织不提取,有57%的组织将公共积累量化到每个社员。社员退社时,退还股金的组织占30%,53%的组织退还股金但社员还需负当年盈亏,8%的组织不退还会费或股金,20%的组织进行内部转让。

  以上资料充分地让我们认识到西部地区农业经营模式存在以下问题:一是农业经营模式中资金依旧是以个人或政府为主导,无多元化资金融资模式;二是较多地区已经依赖政府主导,缺乏创新,依旧保守,这阻碍了农业经营模式的发展;三是经营模式的技术支持来源于自身经营组织内部对社员的培训,而政府却忽视技术支持。通过上述分析问题可知,有必要对农业经营模式进行选择,以适应西部地区农业经济发展的需要。农业产业化经营模式是必选之路,其形式应以"公司+合作社+农户"为主,以"公司+基地+合作社+农户"为辅。结合西部地区的环境条件,考虑到西部生态的发展需要,西部农业经营模式农业产业化经营之路有集体主导模式、个人主导模式、政府主导模式、公司主导模式、科技主导模式。

5.3 中国西部传统农区农业经营模式的适应条件和构建路径

5.3.1 中国西部传统农区农业经营模式的适应条件

中国西部传统农区现在面临的环境情况与其他地区的差别较大。土地资源相对较为薄弱，地形多以山地为主，这在一定程度上制约了以科技为发展目标的农业经营模式，这就需要在软环境与硬环境相结合的条件之下寻找一些适合西部传统农区农业经营模式发展的条件。

（1）因地制宜地发挥自身的比较优势，确定各农区的主导产业及农业经营模式（吴光平，2011）。从中国西部欠发达地区的具体国情出发，依据自身的资源条件和经济的发展水平，因地制宜地采取农业产业化发展模式。例如，在贵州调研的37家龙头企业中，涉及农产品种植或加工的公司占65%，畜产品养殖或加工的占24%，茶、中药材等经济作物种植或加工的占19%。在公司当前采取的农业产业化经营模式中，采用"公司+基地+合作社+农户"的占46%，"公司+农户"的占35%，"基地+农户"的占14%，"公司+合作社+农户"的占8%，"公司+专业协会+农户"的占5%。龙头企业在促进农业的专业化生产、标准化生产、规模化生产，促进农业的科技进步，提升农民素质及促进农产品市场稳定性方面的效果评价如表5-1所示。

表5-1 描述统计量

项目	N	极小值	极大值	均值		标准差	方差
专业化	37	2	5	4.41	0.119	0.725	0.526
标准化	37	2	5	4.35	0.130	0.789	0.623
规模化	37	2	5	4.35	0.130	0.789	0.623
科技进步	37	2	5	4.16	0.142	0.866	0.751
提升素质	37	2	5	4.08	0.131	0.795	0.632
市场稳定性	37	3	5	4.41	0.098	0.599	0.359
有效的N（列表状态）	37						

注：极小值和极大值中1代表非常不明显；2代表不明显；3代表一般；4代表比较明显；5代表非常明显

从上述资料中可以看出，龙头企业对直接带动农户起到很大的作用。如此看来，龙头企业主导模式对西部发展来说，不失为一种较为合理的方式，因为龙头企业的投入或许可以在很大程度上解决资金渠道与产品销售渠道的问题。

但这并不绝对，在一些较为偏远的山村，必须要采取政府主导模式或农民主导模式。

（2）打造坚实的科技教育基础，为农业产业化经营提供科技人才支撑。发达国家都很看重农业教育和科技创新，在农业产业化体系有很强的竞争力。例如，荷兰拥有着完美的农业教育体系，由初等、中等、高等和大学四个阶段组成，另外，由农业职业教育和技术培训系统辅助。近年来，西部经济的发展受到国家的重视，在农林业方面的经济投入也相对有所提高，但并不足以满足农业产业化经营模式发展的需要。如在我们的调研中，普遍存在受教育经历时间较短的经营者或负责人，如图5-1所示。

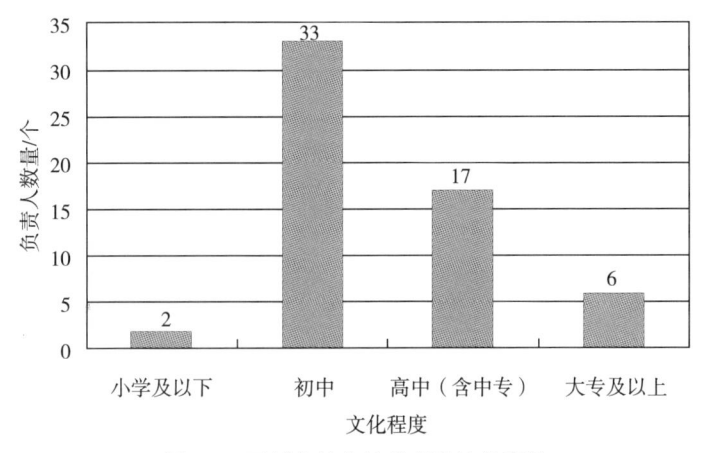

图 5-1 西部农林业经营者受教育程度

调研发现，现农业合作经济组织负责人受教育的文化程度相比农业大户有所提高，但高学历负责人偏少，参加过相关培训的农业合作经济组织负责人占了绝大多数，并且曾经有过非农就业经历。

（3）积极引导和支持农民合作组织的发展，发挥其提高农民合作组织化程度的重要作用。发达国家在农业产业化的过程中，出于保护农民的利益和发展本国农业的考虑，政府一般都制定了相应的法律法规及优惠政策来引导和支持合作组织的发展。首先，要建立健全相关法律，为农民合作经济组织的健康发展创造前提条件。其次，政府出台经济政策，对农民合作经济组织的发展给予资金。农业产业化模式的生存需要外因的支持，农民组织化程度的提高，有利于农业产业化经营模式的拓展。

（4）充分发挥政府的职能作用，在立法保护、政策支持和行政监管方面为农业产业化经营的健康发展提供保障。从总体上看，国家政府在农业产业化发展过程中起到了重要的作用。主要体现在国家制定法规引导作用、宏观掌控作用等方面。首先，出台配套的惠民政策，指引农业产业化的发展。各个国家结合本国的农业生产客观条件，规模化地带领农民向规模经济和产业化经营努力。例如，美国《农业法》规定，以奖励津贴的办法对老年农民发放养老金、预备年金，鼓励中小农民出卖自有的土地然后高价收购等，以加快规模发展。然后，有效地对农业进行宏观掌控。农业产业化的发展涉及与农业有关的多个产业和部门，为协调农业与其他产业和部门的关系，政府高效的宏观管理是至关重要的。农业产业化经营模式的发展需要一定的环境条件，需要讲究实效，不搞形式主义；尊重农民的意愿，不搞强迫命令；允许多种多样，不搞一刀切。只有这样，才能使西部欠发达地区的农业产业化经营模式得到更好更快的发展。

5.3.2 中国西部传统农区农业经营模式的构建路径

推进农业产业化经营，归根到底还是要靠加快农村劳动力转移步伐，发展农业适度规模经营。要通过不断提高农业的规模化、专业化水平，促进农业与关联产业的协调发展和城乡市场的共同繁荣。

通过调研，我们了解到西部传统农区的农业经营模式虽然表面上说的是"公司+基地+农户"等形式，但是农业产业化发展所面对的往往不是"公司+规模化家庭农场"的平衡结构，而是"公司+分散农户"的不平衡结构；并且，由于城乡二元结构的存在，"公司"面对的并非经济乏力的农村市场，而是繁荣的城市市场。所以，中国的农业产业化表现为"V形链接"——这边由现代化的农产品加工企业占据，那边由动力充足的城市消费市场占据，而分散落后的农民处于中部，所以中国农业产业化发展具有典型的中国特色。

根据中国西部地区农业经营模式当前存在的问题，促进西部农区农业经营模式的健康快速发展，必须选择适应的农业产业化路径。

一是实行不完全合同制。合同制在发达国家是公司与农场主联系的主导方式。西部一些大型龙头企业在20世纪90年代也在地方政府的倡导下实行过"公司+农户"的合同制方式，但是由于二者之间的不对等性，很少能够维持下来。目前，还有不少地方实行的是不完全合同制。不少大型龙头企业为了保障最终产品的质量，通过经纪人对分散经营的农户采取简单约定的松散型链接方式，取得了明显进展。例如，企业在交易过程中逐步认定信誉较好的经纪人，与相对固定的经纪人签订质量保证书，只确定供货质量的底线，而不再涉及具体供货价格、供货数量和供货时间。与简单的买卖关系相比，这种相对紧密的联系方式在一定程度上提高了企业原料供应的保障程度，表现出了较强的柔韧性和适应性。但是由于约定过于简单，经纪人又无法对农户的标准化生产实施有效的约束，难以在较高程度上保障企业的原料需求，因此属于一种过渡模式（孙志超和王恒，2007）。

二是实行间接合同制。与标准的合同制相比，间接合同制的区别在于加工企业不与农户直接签订合同，而是与农民专业合作社签订合同，利用合作社与农户之间的一体化关系，引导农户进行标准化生产，满足企业的原料需求。相对于不完全合同制，双方之间的约定比较详细、规范，因而能在较大程度上保障企业的需求。同时，由于合作社实行向农户返利的分配原则，因此分散经营的农户能够从这种产业化模式中分享到运销加工环节的好处。很显然，这种模式通过合作社这一桥梁，弥补了"V形链接"中小规模分散农户的短板，促进了加工企业、农户和城市消费市场之间的有效对接。考虑到人多地少的国情省情，以及小规模家庭经营将要长期存在的实际，间接合同制有可能成为贵州省乃至中国农业产业化的主导模式（董影和曲丽丽，2013）。但是，实行间接合同制模式，必须以农民专业合作社的发展为前提。目前，西部地区农民专业合作社的农户覆盖率较低，这是制约间接合同制发展的主要障碍，必须通过大力发展农民专业合作社为之创造条件。

三是农工商综合体。农工商综合体是指把农业生产本身同农业生产资料生产和农产品加工销售等若干环节，纳入一个统一的经营体内，实行统一核算、垂直一体化经营（齐成喜和陈柳钦，2005）。通过这种方式，农工商综合体能从根本上保障所需要原料的质量、数量和供货时间要求，有利于其减少生产环节、降低生产成本，加快产品投入市场的速度。但实行垂直一体化经营，需要大量投资，只有财力雄厚的公司才能承担得起，同时加工企业进驻农业，也承担着较大的自然风险，所以并未成为各国农业产业化的主导方式。在西部，以食品业为主的农产品加工企业的率先发展，造就了不少特大型食品企业，这些企业初步具备进行垂直一体化经营的条件。例如，双汇集团实行的是一种不完全合同制，但是随着产品质量标准的提高，供货质量难以保障的问题已经暴露出来，企业每年因生猪质量不符合企业标准而进行无害化处理的损失达5 000万元以上。为了改变这种状况，该企业正在尝试实行一种以垂直一体化为取向的"企业+由企业控股规模化养殖场+农户"的产业化模式，分散经营的养殖户可以通过"打捆"的方式成为规模化养殖场的股东，这样既能解决企业原料的标准化供应，也能把分散的养殖户纳入企业的一体化经营，这在一定程度上缩小了现代化加工企业和小规模农户之间的鸿沟，值得借鉴。

同时，在西部传统农区农业经营模式的构建路径中也面临着诸多的问题，需要政府、公司、农民个体等通力合作，搬掉拦在农业经营模式发展道路上的石头。首先是西部传统农区农业经营模式的构建路径大多忽视生态环境的保护，这与当下倡导建设生态农业经营模式相冲突；其次是各阶段所采取的农业经营模式缺乏对农民的保障机制，导致在发展过程中停滞不前；再次是各种农业经营模式都缺少对农业产业化经营之品牌农业发展的思考,目光依旧停留在短期发展的基础上,缺乏长远发展的战略规划;最后是对西部传统农区构建的农业经营模式存在着盲目模仿的情况,将发达地区的农业经营模式搬到西部,导致农区农业经营模式的发展缺乏科学根据。

第6章 农业经营组织和经营模式创新的制度设计研究

6.1 农业经营组织和经营模式创新制度相关概念

6.1.1 制度

因研究需要，本书在新制度经济学的意义上引用"制度"的概念。

以科斯和诺思为代表的新制度经济学家从不一样的角度对制度得出不一样的概念。也许一些具体描述有所不同，但基本意思都是相同的，就是制度是在不一样的角度和不一样的方面的一系列规则，规划了空间和彼此间的关系，对人们的行为有约束作用。

诺思和戴维斯还对"制度环境"和"制度安排"做了划分。"制度环境"的含义是为"一系列用来确立生产、交换与分配的基本的政治、社会与法律机制"。"制度安排"的含义是"支配经济单位之间可能采取合作与竞争方式"的规则。这里的"制度安排"跟大家通常意义上所说的"制度"基本一致。

拉坦和速水把制度理解为"制度是社会或组织的规则，这种规则通过在与别人交往中形成合理的预期来对人际关系进行协调。它们反映了在不同的社会中有关相对于人们自己的行为和他人的行为的个人和集体行为而演化出来的行为准则……制度提供了对于别人行动的保证，并在经济关系这一复杂和不确定的世界中给予预期以秩序和稳定性"。

马克思主义经典作家还未给"制度"总结出明确的定义，但是在他们的著作里从不同角度、方面运用了制度含义，如"生产资料所有制""财产制度""工厂制度""土地制度""国债制度""税收制度""法律制度"等，同样将"制度"看做一系列的规则，这与新制度经济学家的"制度"的含义是如出一辙。当然它们存在很大差别，因为马克思主义政治经济学是探讨社会生产关系及其发展规律的科学，它从根本上分析了不同社会经济制度及其相适应的政治、法律制度等，所以，马克思主义既大量地运用制度含义，又对制度的分析更具体全面。但受本书的定义和题目所限，沿用新制度经济学的制度含义。

6.1.2 农业制度

"农业制度"既可是一个宏观的概念，也可是一个微观的概念，如农业经营制度、农业土地制度、农业耕作制度、农业技术推广制度、农业服务制度、农业管理制度、农村基层政权制度和村民自治制度。简而言之，可以作为"与农业有关的一系列制度"。

6.1.3 农业土地制度和农业经营制度

在中国大量的农业制度中，农业土地制度和农业生产制度是起基础性作用的。

农业土地制度可以从两个角度来分析：第一角度是土地所有制，包括国有制、私有制、集体制、股份制等；第二个角度是土地使用制度，它涵盖了（但不限于）两个部分，一部分是按土地经营的规模主体来划分，土地使用可以分为自耕制、租佃制和雇佣制，另一部分是按土地经营的规模来划分的，可分为土地的细分制度和规模经营制度。细分制度是指在人多地少的前提下土地的平均分配造成的在狭小的地块上进行生产的方式（李文平，1996），中国当前大部分农村地区都采用这种方式；规模经营制度是指达到一定的土地规模的生产经营方式。

农业生产制度也有两个方面的含义：一是农业经营制度，这是从土地等生产资料的权属和使用方式方面来说的，包括自耕制、租佃制、雇佣制等。自耕制是自有自耕，租佃制是他有自耕或自有他耕，雇佣制是雇人耕种。其中租佃制又可分为分成制和定租制，前者按比例分成，后者租额一定。二是农业组织制度，这是从生产组织方式来说的，包括家庭生产制、集体生产制和雇佣生产制（李二玲等，2012）。家庭生产制以家庭为农业生产单位，集体生产制以某种集体形式为生产单位，雇佣生产制则指土地的所有者或占有者雇请别人耕种，雇主以工资形式付给雇工报酬，这种形式类似农业企业，雇工成了农业工人。但是现在，雇佣生产制在中国没有独立存在，而是被划分到家庭制或集体制的范围里，这两个方面的农业生产制度是可以有公共部分的。例如，租佃制既可以以家庭的方式，也可以以集体的方式进行。本章所要研究的主要是农业经营制度。

6.2 中国农业经营组织和经营模式的制度设计的演变和现状

6.2.1 中国农业经营组织和经营模式的制度设计的演变

如何推进中国农业经营组织和经营模式的创新问题错综复杂，其中制度设计是关键，虽然农业制度浩繁纷呈，但其中有两条主线：一是农业土地制度，二是农业经营制度。中国农业土地制度和农业经营制度是农业制度的基础，这两项制度又是密切相关的。中国农业经营组织和经营模式的制度设计伴随中国农业土地制度和农业经营制度的演变而演变，同时农业经营组织和经营模式也随之相应演变。新中国成立后，中国农业土地制度和农业经营制度大致经历了四次改革和调整：一是1949~1952年年底土地改革时期，依靠政治强制力量废除了封建土地所有制，实行农地农民所有，家庭经营；二是1953~1957年过渡时期，在保留农民土地私有制的基础上，实行互助合作经营；三是1958~1978年人民公社时期，实行农地集体所有制下的集体经营；四是1979年以后，实行土地集体所有，家庭联产承包经营（唐永金，2004；张晟义和张卫东，2002；黄红球，2013）。农业土地制度和农业经营制度的变革和调整给农业经营组织和经营模式带来了根本性变化，也对农业生产和农村经济产生了深刻的影响，其中既有积极的成功经验，又有失败的惨痛教训。回顾历史，总结经验，以史为鉴，对推进中国传统农区农业经营组织和经营模式创新、加快农业现代化进程、建设社会主义新农村、实现农村全面建成小康社会具有十分重要的现实意义。

1. 土改时期：农地农民所有、家庭经营

1949~1952年年底土地改革时期，中国共产党依靠政权的强制力量，没收了封建地主、官僚资本家的土地所有权，无偿地分给了农民，废除了旧中国的土地地主私有制，建立起土地农民所有制，确立了农地农民所有、家庭分散经营的农地经营制度。

2. 过渡时期：农地农民所有、互助合作经营

1953~1957年人民公社建立前的过渡时期，也是社会主义改造开始的时期，被称为初级农业生产合作社时期。在过渡时期，国家把农地农民所有、家庭经营改为农民所有、集体统一经营，确立了农地农民所有、互助合作经营的农地经营制度。其中，1955年在高级社内实行了土地集体化，使土地的农民个人所有、家庭经营变为集体所有、统一经营、按劳分配，取消了土地报酬。

3. 人民公社时期：农地集体所有、集体经营

为了巩固和发展农业合作化，从1958年开始在全国掀起了人民公社化运动。作为农业经济组织与经营单位，以政社合一为主要特征的人民公社，经过随后的调整最终确立了"三级所有、队为基础"的格局，这种体制一直延续到1978年改革开放前。在人民公社时期，农地农民所有、集体统一经营的土地经营制度变革为集体统一所有、统一经营的土地经营制度。

4. 改革开放后时期：土地集体所有、家庭联产承包经营

1978年改革开放以来，中国农村进行了第三次土地制度改革。这次改革将持续了20多年的集体生产制度改为家庭联产承包责任制。但是改革并没有触及农村土地集体所有制，而是改革了农地的经营方式和分配方式，实行了土地所有权和经营权的分离。这一时期，中国确立的是以土地集体所有、家庭经营为主要内容的农村土地家庭联产承包经营责任制。中国农村土地家庭联产承包经营责任制经历了一个循序渐进的发展完善过程，就制度和政策演变轨迹来看，可以分为确立、稳定、成熟和完善四个阶段：1978~1983年是农村土地家庭联产承包经营责任制的确立阶段。20世纪70年代末的中国农村由于长期受"左"的路线指导，农村生产发展缓慢，农民生活长期处于贫困状态。1977年安徽凤阳县小岗村的18位农民冒着生命危险，搞起了"包产到户"。底层农民自发性地变革实践与刚性人民公社体制矛盾日益突出，国家也逐渐意识到原有制度的失误，试图对农村经济体制做出新的改革尝试。1978年12月党的十一届三中全会召开，做出《中共中央关于加快农业发展若干问题的决定（草案）》，拉开了中国农村改革的序幕，农村土地改革在全国范围内轰轰烈烈地展开。这一场由农民引导的土地制度创新，不仅带来了农村经济社会的发展和繁荣，还引发了中国经济体制改革的全面启动。这一时期，家庭联产承包经营主要有以下两种形式：一是按人均包，即按人口均分土地，这种形式最为普遍；二是按户（或个人）竞包。两种形式都实现了所有权和使用权的分离。家庭联产承包责任制的推行，纠正了过去长期存在的管理高度统一集中和经营方式过分单一的弊端，从根本上动摇了人民公社体制存在的基础，是中国近代农地经营制度变革成功的范例。

1984~1992年是农村土地家庭联产承包经营责任制的稳定阶段。这一阶段，农村土地家庭联产承包经营责任制的主要内容是稳定土地承包期限，巩固和完善制度创新成果；在土地集体所有、家庭经营的基本制度框架下，创新各种类型的土地使用权制度安排形式，努力挖掘和提高土地生产率，实现资源优化配置和制度激励。理论界将这一阶段定义为"15年不变""大稳定、小调整"。

1993~1997年是农村土地家庭联产承包经营责任制的成熟和完善阶段。20世

纪90年代是传统意义上的农村经济开始转入现代市场经济的运行轨道并进入快速发展的时期。在邓小平南方谈话之后，农村经济改革又出现了一个新高潮，党的十四大的召开正式拉开了中国建设社会主义市场经济体制的序幕。这一阶段，农村土地家庭联产承包经营责任制的主要内容是在稳定农户土地承包关系的基础上，做好以延长农户对土地经营的承包期限为中心的制度完善工作。理论界将这一阶段称为"30年不变"与"增人不增地，减人不减地"时期。

6.2.2 中国农业经营组织和经营模式的制度设计的现状

1998年至今是农村土地家庭联产承包经营责任制的发展阶段，进而发展演变成中国现行的农业土地制度和农业经营制度，同时奠定了中国农业经营组织和经营模式的制度设计的基础。这一时期，国家在稳定农户农地承包关系的基础上，对做好延长农户对农地经营的承包期限和允许农地流转为中心的制度进行了不断的尝试和完善。国家不仅要坚定不移地贯彻执行土地承包期再延长30年的政策，还要制定确保农村土地承包关系长期稳定的法律法规，来保障农民长期的土地经营权。突出农民在承包期内可依法、自愿、有偿流转土地承包经营权，丰富流转土地方式方法，逐渐实现规模经营。1998年10月，中共中央十五届三中全会通过的《中共中央关于农业和农村工作若干重大问题的决定》，用"家庭承包经营"替代了"家庭联产承包"，用"家庭承包经营为基础"替代了"家庭联产承包为主"。并且，再度声明要坚定不移地贯彻土地承包期再延长30年的政策，要尽快颁发保障农村土地承包关系长期稳定的法律政策，让农民拥有长期又有保障的土地使用权。填补了相关土地经营制度安排和法律建设，对土地制度规范毫无疑问地具有保障作用。1999年1月1日起施行的《中华人民共和国土地管理法》，使对土地承包关系的管理逐步过渡到法治轨道，对抑制农村土地的过快非农化、更好地保护耕地起到积极作用。2000年，为进一步减轻农民负担、规范农村收费行为，中央明确提出了对现行农村税费制度进行改革，并从2001年开始，逐步在部分省市进行试点、推广。这是中国农村继家庭联产承包经营责任制之后的最重要的一项改革措施，也为农村土地家庭经营的创新提供了便利的政策环境。这说明以家庭承包经营为基础、统分结合的双层经营体制作为中国农村基本经营制度的法律地位的正式确立。

2008年10月召开的十七届三中全会审议通过的《中共中央关于推进农村改革发展若干重大问题的决定》，是当前和今后一个时期全党全国推进农村土地制度改革发展的指导性文件，这一文件确定了中国现行的农业土地制度和农业经营制度，确定了中国当前和今后一个时期农业经营组织和经营模式发展的方向。该决定对农业土地制度和农业经营制度做出了新的政策阐述，指出"长久不变"

是指现有土地承包关系要长时间稳定不变，这既给农民土地承包经营权带来了实际的制度保障，又包括丰富土地承包经营权，使土地承包经营权的用益物权性质更加具体、更加完整，为"三农"奠定了制度性基础。并且，要对农业经营体制进行创新，促进农业经营方式的"两个转变"：一是家庭经营要向采用先进科技和生产手段方向转变，增加技术、资本等生产要素投入，着力提高集约化水平；二是统一经营要向发展农户联合与合作，形成多元化、多层次、多形式经营服务体系方向转变。另外，该决定还从稳定和完善农村基本经营制度的高度出发，要求在政策上必须大力扶持农民专业合作社，加快发展。这对推动现代农业建设、创新农村经营体制都具有非常重要的意义。

截至2016年中央"一号文件"发布，已是中央连续13年聚焦"三农"问题。已出台的"一号文件"一脉相承，落脚点都是稳定粮食生产、增加农民收入、加强农村基础建设、创新农业经营组织、升级农业经营模式。同时，各个文件又根据当时的具体形势提出了针对性措施。这些文件为农村土地家庭承包经营制度的创新注入了活力，对中国农业经营组织和经营模式创新产生了重要的推动作用。

6.3 中国农业经营组织和经营模式的制度设计的问题和需求

6.3.1 中国农业经营组织和经营模式的制度设计问题

根据课题组对贵州省13个县及地区的农业专业大户、农业专业合作组织、农业龙头企业进行调研所得的调研数据分析报告，可以发现中国农业经营组织和经营模式的制度设计存在一些问题和缺陷，这些问题和缺陷一方面制约农业经营组织和经营模式的创新探索，另一方面也对农业生产和农村经济的进一步提高产生了不利影响（石红梅，2007）。不适合中国农业经营组织和经营模式创新的制度设计主要包括以下几个方面。

1. 现行农业土地制度不能满足发展现代农业经营组织的需要

家庭联产承包责任制以传统农业生产经营方式为基础，以解决农民吃饭问题为主要目标，体现制度的公平性。虽然突破了单一的产权结构，形成了多种权能并存的格局，但是这一制度安排随着社会主义市场经济体制的逐步完善，作用不再明显。这种简单的分离，只是农村产权传统体制下的一种不全面的、微观的、短期的调整，还未影响农村产权的核心——土地制度，不符合现代农业经营组织对产权制度所提出的要求：一是农地产权结构不合理、层次不清、关系不畅；二是所有权主体多元化，使所有权主体不明确、主体代表模糊；三是农地使用权凝固、封闭，二级市场发育滞后；四是土地承包权的承包期短、临时性与土地长期规划、持续发展的问题没有消除；五是上级所有者（或终极所有者及其各级代理）吞噬收益分配权和剩余收益权；六是处置权即让渡权被社会与所有制、行政和现行法律约束，很难落实。

2. 现行农业经营制度不能适应发展现代农业经营模式的需要

理论上，制度效率是有时间长度和阶段性的，"一定的制度只能在一定的时间长度内发挥作用，且效率的高低呈现阶段性，即制度设计运行前期效率较高，随着时间的推移，效率递减，在制度完成任务后，其效率也就释放完了"。在改革开放初期，以家庭为单位的小农本位，带动了农业的快速发展，促进了农业的比较效益，"但是家庭承包经营制度主要是针对国人温饱问题而提出的"。所以，在1984年，中国农村很多地区不再存在"吃不饱饭"的问题，也就是说在既定的制度环境和结构下农业经营制度的变迁能量已基本释放完毕，其制度安排已达到新的均衡而不再有额外收益。"详细来说就是以小农为本位的农业经营制度已经对农业规模经营和规模效益的提高形成障碍"，现在应及时修正农业经营制度，实现现代农业经营模式巨大飞跃。

3. 现行国家资源供给分配制度导致农业经营组织发展资源缺乏

国家资源分配制度如果有"非农"偏好的性质，将会使新型农业组织发展资金短缺，制约农业经营组织的多元化和规模化的经营模式。中国目前正处于社会经济转型时期，政府的农业政策是把社会稳定和甩掉财政包袱看做工作重心，同时集中资金维持经济快速增长，所以，中国农业政策在这样的导向下，使得政策绩效与农民希望相差甚远，"为了保证经济高速增长，政策偏好就把投资或资金集中在能拉动经济增长的产业上"。根据统计，近年来公共财政包含农村的多项政策陆续执行实施，政策范围不断扩大，国家财政对"三农"投入力度相当大。"十一五"期间，中央财政用于"三农"的投入近3万亿元，是"十五"时期的2.6倍。2011年中央财政用于"三农"的投入超过1万亿元。按较宽口径计算，2013年中央财政用于"三农"支出大约占财政支出的10%。但是如果再考虑土地出让收益的分配，"三农"投入在整个财政支出中所占比重是偏低的。

4. 现行银行农村信用贷款制度导致农业经营组织发展融资困难

银行农村信用贷款制度对农民是排斥、拒绝的态度，从而抑制了农民的投资打算，使新型农业经营组织发展和新型农业经营模式扩产筹措资金十分不容易。第一，由于农业生产经营风险较大，回报率不高，农民相对不集中，管理贷款成本比较高，在多方金融风险的威胁下，以农村信用社为主的涉农金融部门经常奉行着"慎贷、惜贷，甚至拒绝从事涉农贷款"的标准；第二，在法律层面上对明确农业专业大户和农业专业合作组织为市场法人的规定还是空白，而农民个人以自然人贷款又无法律依据，所以没有从金融机构得到贷款的途径；第三，"当前涉农金融机构是以农村信用社为主，势力弱，无法满足农民贷款的需要"；第四，贷款手续复杂，银信部门的服务不到位；第五，"担保和抵押、质押要求繁多，给农户贷款造成人为障碍"，所以尽管大部分农业专业大户和农业专业合作组织有进一步扩大开发的欲望和需求，但是因没有相应的金融支持而不能实现（熊志东和王晶，2006）。

5. 现行农业保护制度无法满足农业经营组织市场化、国际化的需要

现在，中国农业经历着由传统农业向现代农业，由催耕催种的农业向市场农业，由粗放农业向精品、精准、集约农业转型的过程，但现行农业保护制度无法满足农业经营组织市场化、国际化的需求。"发达国家大多采取的是以工业积累来支持农业的政策"，在对国内农产品价格补贴方面，美国政府对农产品的价格补贴占农场主纯收入的10%~30%，而中国还处在工业化的初期，工业不发达，积累不多，加之现行农业保护政策不配套、不完善，对农业的扶持和保护大多停留在口头上，如农产品的价格政策、农业基础设施的建设和农业科技的研制、开发和推广等都是依靠地方政府和农民，而地方政府自己又是"泥菩萨过河，自身难保"。所以，国家所谓的支持政策变为"农民自己扶持自己"。例如，现行农业保护的有关政策与世界贸易组织（WTO）农业协议和绿箱政策的规定有冲突，中国于2001年12月加入WTO，这要求我们的粮食生产的国内支持措施符合国际规则特别是乌拉圭农业协议的规定，但是中国现在的部分粮食支持政策，如农产品的价格保护、生产资料价格补贴等方面的支持措施都与农业协议和绿箱政策的规定有冲突，也就不能实现农业经营组织市场化、全球化的要求。

6. 现行农村社会保障制度无法解决农民参与新型农业经营组织的后顾之忧

在市场经济和农业生产经营国际化的条件下，农民创新或参与农业经营组织需要完善的社会保障体系。但是"改革开放以来，我国长期忽视农民的社会保障问题，导致了社会保障在农村形成了空白，因此农民的生、老、病、死、残全由自己负担"，虽然近年来农村医疗保险在全国逐步普及，农民生病看病的费用国家会承担很大一部分，但在农村依然缺少完善的社会保障体系。在这种情况下，就赋予了土地社会保障功能，土地长期以来就成为农村社会保障的主要载体和保障基金的主要来源，但是单一的土地保障，农民的就业空间小、渠道窄，在收入和

就业不稳定的预期下，根本不敢放弃土地（姜春，2014）。因此，现行农村社会保障制度无法解决农民创新农业经营组织的后顾之忧，这使农民一定程度上固化了小农经营，阻碍了农业经营组织创新，阻碍了农业规模化和专业化发展。

7. 现行户籍制度阻滞了农村剩余劳动力转移和农村城市化

现行户籍制度阻滞了农村剩余劳动力转移和农村城市化，不能满足发展现代农业经营组织的需要。改革开放后很长一段时间，城乡户籍制度不仅没有转变，而且还在一定程度上得到了强化，虽然近年来成都和重庆开展了户籍制度改革试点，但是全国范围内仍然实行严格的户籍管理制度，因此农民即使在城里有比较稳定的职业、比较稳定的住所，也不敢放弃或不愿放弃农村的土地和地籍，这种"离乡不离土、进城不弃田"的状态既没有达到转移农村剩余劳动力、提高农村劳动生产率的预期，也不利于农业经营组织和经营模式的创新。

6.3.2 中国农业经营组织和经营模式创新的制度设计需求

从梳理和分析中国农业经营组织和经营模式的制度设计存在的问题和缺陷得出：促进农业经营组织和经营模式创新，单独一项或几项制度安排的改革已经到了尽头，在其他制度结构和整个制度环境没有出现突破的情况下，单独一项或几项制度变迁已经出现了边际效率为零的状态（武玉祥，2012）。

中国农业经营组织和经营模式创新的制度设计需求是多层次和多方面的，包括以下内容：完善现行农业土地制度，推进农地流转和规模经营；优化现行农业经营制度，推行土地家庭经营制改革；改革农业产业制度和管理制度，清除农业经营组织和经营模式创新障碍；建立农业投资制度和融资制度，解决农业经营组织和经营模式创新资金；健全现行农业保护制度，构建西部农区经营组织支持保护体系；建立新型农村社会保障制度，解决农民创新或参与农业经营组织的后顾之忧；改革户籍制度和就业制度，实现农民与城市居民在就业、教育与保障等方面的平等待遇（梁敏，2010）。因此，构建中国农业经营组织和经营模式创新的制度设计，满足中国农业经营组织和经营模式创新的政策需求，应进行农业经济制度的整体创新和重大调整，即必须对其动大手术，从产权、组织、激励、约束制度等方面对其进行深层次的制度创新，只有这样中国农业经营组织和经营模式的创新才能从众多的制度瓶颈中突围出来。

6.4 农业经营组织和经营模式创新的制度设计的相关研究

6.4.1 国外发达国家农业经营组织和经营模式的制度设计分析和启示

纵观国外发达国家农业经营组织和经营模式的发展历程，虽然各个国家对农业经营组织的称谓和所采取的经营模式不尽相同，但它们共同的特点是以国内外市场为导向，按照现代化大生产的要求，在纵向上实行产加销一体化。因此，国外发达国家农业经营组织和经营模式制度设计基本上是基于建设有利于实行资金、技术、人才和管理等要素集约经营的农业经营组织和发展，有利于形成布局区域化、生产专业化、经营一体化、产品商品化、企业规模化、管理企业化和服务社会化的农业经营模式。总结国外发达国家农业经营组织和经营模式的制度设计的成功经验，既对优化中国农业经营组织和经营模式的制度设计有借鉴意义，也对如何在制度层面支持中国农业经营组织和经营模式的创新有启示意义。

1. 美国农业经营组织和经营模式的制度设计

美国国土总面积为96 291万公顷，其中耕地达19 745万公顷，占世界耕地总面积（150 151万公顷）的13.15%，是世界上耕地面积最大的国家，美国人均耕地（10.5亩）是中国人均耕地（1.4亩）的7.5倍。但美国农业人口只占全国人口的2%~3%，因此，按农业人口和农业劳动力计的人均耕地面积非常可观，农场经营规模也较大。美国的农业生产制度始终是以家庭农场为主体，其中美国农场中家庭农场占总数的87%，农场主合作社占10%，农工商综合企业占3%，由于农场主合作社和农工商综合企业也是以家庭为依托的，因此可以说在美国99%的农场都是家庭经营。

美国农业经营组织和经营模式的制度设计的最大的特点是构建了一个产前、产中、产后紧密相连，利益互惠、承揽服务独具特色的一体化农业体系，生产布局区域化、生产高度专业化、经营一体化、服务社会化的产业化大格局已全面形成。其农业经营组织和经营模式归纳起来主要有三种：第一种是农业的合同制经营。这种形式是通过工商运输业大公司与农场主订立合同的方式，把农业生产资料的生产和供应与农产品的加工和销售衔接起来，组成一个产供销（或产加销）的有机综合体。第二种是农场主合作社经营。这种形式是由一些农场主自发联合组成合作社，通过合作社联合经营农业。这种合作社没有改变家庭农场的经营地位，它最大的作用是为农场主带来包括农业生产资料供应、农产品收购、销售、储运、加工等产前、产中、产后各个环节的服务。第三种是农工商综合企业。这种形式是指规模较大的企业（工业、商业或金融垄断资本），直接投资经营大农场，并把农业生产资料的生产和供应、农业生产本身、农产品的加工和销售，乃至科学技术研究等各个环节整合起来，形成有机的农工商综合体。

2. 日本农业经营组织和经营模式的制度设计

日本是亚洲东部的一个群岛国家，国土面积狭小而人口众多，同时日本山地多、耕地面积少，人均耕地面积只有0.5亩左右，第二次世界大战后的日本政府实行了农地改革，通过赎买的政策收回了差不多全部地主的土地，转让给普通的小农户，由租佃制转变为自耕制，土地经营较分散，此后政府经多次调整，尝试扩大土地的经营规模，但效果不佳。随着农业人口的陆续转移，土地经营规模逐渐扩大，人均耕地面积达到0.75亩左右，但因为许多农户是兼业农户（除从事农业以外，还有其他事业），土地规模进程缓慢。日本农业经营组织的制度设计与美国相同，都是以土地私有为基础的农业家庭经营，基本上以一家一户的家庭个体经营为主，家庭农场占农场总数的99%。

日本在家庭经营的基础上，通过具有日本特色的农业经营组织和经营模式的制度设计，完成了农业现代化改造，成功地走出了一条与美国、英国、法国、德国等不一样的农业现代化道路。日本政府建立了农业社会化服务组织——农业协同组织（简称农协），对实现农业现代化有促进作用。日本农协是一个拥有二生属性的农业合作社，首先，它是农民自愿联合起来的经济组织；其次，它是政府实现农业现代化及其他农业政策的中介组织。农协的组织机构分为三个组成部分，即基层农协、县级联合会和全国农业协同组织。农协组织的主要任务是关注发展农业和农村社区福利，推行了包括对农业经营进行宏观和微观上指导、生产资料购买、资金存贷、农产品仓储、运输、加工、销售、保险，以及与农业、农村和农民有关的问题研究、出版和教育活动，解决了农户个体不能独立解决的问题，得到了农民的拥护支持。农协的此类详细工作对推进农业现代化的进程产生巨大的影响。此外，日本农协如此高效的工作与日本政府对农协在税收、价格、信贷、流通及设施等方面的制度设计上的大量特殊政策有关，如一些优惠政策和提供资金补贴。

3. 荷兰农业经营组织和经营模式的制度设计

荷兰是一个位于欧洲大陆西北部的发达国家，国土总面积4.15万平方千米，其中陆地面积3.5万平方千米，总人口1 500多万人，农业人口仅占全国人口的4.5%。虽然荷兰农业人口少，农业增加值只占GDP的4%，但它却是一个农业和农村发展非常成功的国家，是世界上第三大农产品出口国。这主要得益于荷兰在农业经营组织和经营模式的制度设计上,充分采用了适合本国国情的农业制度设计,高度重视农业发展战略,充分利用了自己的优势,发展高效农业。其农业经营组织和经营模式主要有两种:第一种是以家庭农场为主的大农场经营,推行的是高度集约经营和专业化经营;第二种是农业合作社组织。合作社组织在农业现代化经营中有重大影响,在荷兰农业现代化经营中是重要的组成部分,它活跃于农业生产领域、农产品加工、销售、贸易和农业信贷、农业生产资料供应等领域(张永厂和欧阳令南,2005)。

6.4.2 中国西部传统农区农业经营组织和经营模式创新的制度设计的策略和建议

创新中国农业经营组织和经营模式的制度设计,以促进和支持中国西部传统农区农业经营组织和经营模式创新。应该注意借鉴农村改革过程中积累的有益经验,同时结合中国西部传统农区农村实际状况,借鉴国外的先进经验,在科学发展观的指引下,走出一条适合中国国情和西部实情的现代农业经营制度探索之路,逐步建立以农业土地制度和农业经营制度为核心的现代农业制度。

根据课题组对贵州省13个县及地区的农业专业大户、农业专业合作组织、农业龙头企业进行调研所得的调研数据分析报告,在对中国现有农业经营组织和经营模式的制度设计现状梳理的基础上,课题组分析了中国农业经营组织和经营模式的制度设计的问题和缺陷,以及中国农业经营组织和经营模式创新的政策需求。在借鉴国外先进的管理模式同时,对促进中国西部传统农区农业经营组织和经营模式创新的制度设计提出以下几点基本措施或对策建议。

1. 完善现行农业土地制度,推进土地流转和规模经营

农业现代化要求土地规模经营,市场经济要求农业土地制度便于土地流转,目前的农业土地制度不利于土地经营权的流动和重组,阻碍了农业经营组织和经营模式的创新。为此,应按市场经济要求改革农业土地制度,明晰土地所有权主体,根据"所有权、经营权与承包权分离"的原则,制定土地流转政策,加快土地经营权重新分配,以土地经营使用的收益为目的,得出新的土地流转机制,加快土地规模调整。首先,用优惠的政策支持农户土地使用权的有偿转让或长时间出租,使土地集中到一起规模经营。其次,以农业社会化服务代理制处理农民既不希望失去土地承包权,也不喜欢自己种地的问题,由农业社会化服务组织经营这些土地,短期目标是土地连片经营,长期目标是实现农业产业化。最后,以土地股份合作制把农民的承包地转换成股份形式,通过股份合作社,农户可以带股参加合作社;并且鼓励农民参加非农工作岗位,提高他们的收入来源,帮助土地

转让顺利实施，与此同时，由合作经济组织与农业产业化组织通过多样的产权联系，多途径地满足农民分享农产品供应链所带来的收入增加值。

2. 优化现行农业经营制度，推行土地家庭经营制改革

农业经营组织的多元化、经营模式的规模化需要农地作为资源及生产要素的流动与转让。优化现行农业经营制度，推行土地家庭经营制改革，即在保留的基础上逐步改革中国农村现行的"以家庭承包为基础、统分结合"的双层经营体制（泽韦，1988）。实现农民始终拥有土地的使用权，在土地家庭承包经营的基础上，出台土地使用权流转、出让制度，在承包期内，鼓励支持农民有偿转让其土地使用权，但要遵守国家相关法律法规，使土地利用实现最大化的收益、农业经营组织的多元化创新、农业经营规模的适度化创新。只有这样，才能有效地优化配置农村土地，调整和优化农业产业结构，在农业经营制度角度鼓励和引导农业经营组织和经营模式的创新。

3. 改革农业产业制度和管理制度，清除农业经营组织和模式创新障碍

现行的农业管理体制和机构设置，是适应计划经济体制和市场化程度低所形成的"农产品生产、加工、流通和外贸相互脱节，地区封锁，行业分割，部门垄断的格局"，这样的农业管理体制和机构设置对农业经营组织和模式创新带来了威胁，我们所面临的是竞争日益激烈的国际环境形势，在明确界定政府政策职能的基础上，重视中央统筹协调和调控的职能，调整农业与食品、其他产业人为分离的产业制度和农产品流通制度，渐渐形成农产品生产、加工、销售和贸易一体化管理制度，形成制度上的保障，让农业和农民更多地受益于非农产业，提高农民的收益。

4. 建立农业投资制度和融资制度，解决农业经营组织和模式创新资金

排斥、拒绝农民的现行银行农村信用贷款制度导致新型农业经营组织发展和新型农业经营模式扩产融资困难，即使许多农业专业大户和农业专业合作组织有进一步发展和扩张的欲望需求，但是因缺乏相应的金融支持而难以如愿。资金是组织或企业正常运转的血液，新型农业经营组织在发展过程中，尤其是初始阶段，对资金的需求往往很大，仅仅依靠合作组织自身难以满足发展需求。因而需要国家建立健全农业投资制度和融资制度，发挥国家政策性农业金融机构"输血"功能，加大对新型农业经营组织的财政支持，给予初期经费资助和信贷政策倾斜。与此同时，应及时出台相关的税收优惠政策，加大对运作规范、经营有序、示范性强的新型农业经营组织的扶持力度，解决农业经营组织和模式创新资金，从而在资金层面支持农业经营组织和经营模式的创新。

5. 健全现行农业保护制度，构建西部农区经营组织支持保护体系

现在，许多农民的生活保障依靠的还是土地，这就是创新农业经营组织或参与农业经营组织所面对的障碍。所以，在推行承包土地社会保障的替代机制之前，先行对农村社会保障制度进行调整，渐渐把农民的生活保障的重心由承包地替换成社会保障制度。首先，在政府的支持下，多渠道筹集社会保障资金，采取多种方式搞好养老、医疗、生育、伤残各项保险。其次，完善农业保险体系，建立农业支持保障机制。政府应该给予农业保险大力的扶持和补贴，为农业发展提供有力保障。再次，从根本上解决农民的社会保障问题，农民社会保障问题实质上是农民的公民权问题，通过改革户籍制度、就业制度，实现农民与城市居民在就业、教育与保障等方面的平等待遇。最后，拓宽就业渠道，提高农民自我保障能力，切实增加农民收入，从根本上消除农村居民的贫困问题，才是农民最根本的保障（张吉会，2003）。建立新型农村社会保障制度，解决农民社会保障的后顾之忧，才能使广大农民群众积极地参与和支持农业经营组织和经营模式创新。

第7章　农业龙头企业经营模式及选择

7.1　龙头企业与农业产业化

龙头企业就是指起引导者、带动者、市场开拓者和营运中心作用的企业。广义上讲，龙头企业包括产业化经营中牵头的公司企业、合作社、"产学研"联合体、专业市场等，但本书的龙头企业是指以农产品加工或流通为主业，通过各种利益联结机制与农户相联系，带动农户进入市场，使农产品生产、加工、销售有机结合、相互促进，在规模和经营指标上达到规定标准并经全国农业产业化联席会议认定的企业（王志文和支万宇，2007）。

农业产业化模式图如图7-1所示。

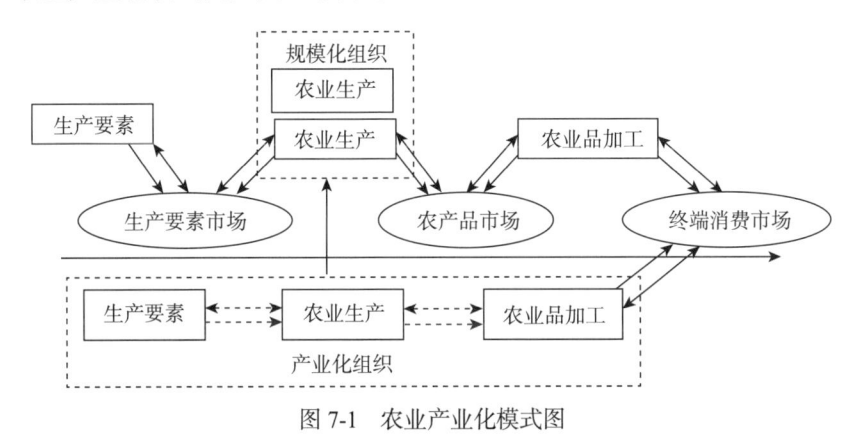

图 7-1　农业产业化模式图

----▶ 产业化商品信息流　◀---- 产业化信息流　—— ▶ 市场化商品流　◀—— ▶ 市场化信息流

农业龙头企业对农业生产不是简单地实行工厂化生产管理方法，而有其本身的运营特征和方式。龙头企业和农户之间的关系本来是一种市场交易关系，龙头企业和农户是纯市场的交易关系，因为二者都以市场为参数安排企业的生产，所以没有内生交易费用。然而外生交易费用数额庞大。龙头企业和农户期望用一种

长期性契约关系替换市场临时性交易关系，这种长期性契约关系会缩减外生交易费用。农业产业化的过程，存在的根本动因就在于通过组织边界的扩张，借助于组织对市场的替代，变市场交易为组织内的交易，节约交易费用。"公司+农户"的一体化经营以非市场安排节省了企业与农户配置资源的市场交易费用，把企业与农户紧紧联系在一起。可见，龙头企业和农户联合形成的农业产业化经营的动因是农产品的市场交易费用，表现方式是选择适当的经济组织形式以协调农业分工与分享分工收益。

7.2 农业龙头企业经营模式

目前，中国农业产业化组织模式大体上可以分为四种，即市场带动型、龙头企业带动型、生产基地启动型、经济组织推动型。中国农业产业化经营组织中，龙头企业带动型在现阶段是最主要的一种形式。

龙头企业经营模式的划分标准主要有契约约束力、管理程度和资本结合程度三种。根据契约对龙头企业和农户的约束力可以将龙头企业经营模式划分为互惠合同形式（即所谓的"商品契约"）和"组织链"形式（王广斌和周岩，2002），根据龙头企业对农户的管理程度可以将龙头企业经营模式划分为松散型模式、紧密型模式和半紧密型模式（王来渝，1998），根据资本结合程度可以将龙头企业经营模式划分为无资本结合模式和股份合作制或股份制模式（洪伟生，2013）。由于采取单一变量对龙头企业经营模式的划分不利于对各种模式进行透彻的研究，本章采取契约和资本结合的方式将龙头企业带动型农业产业化经营模式划分为契约关系模式、股份合作制或股份制模式、准企业组织模式和复合型运营模式，对各种模式的经营优势进行探讨。

在被调查的87家企业中，采取契约关系模式的企业数为50家，占被调查总数的57%；采取股份合作制或股份制模式的企业数为18家，占被调查总数的21%；采取准企业组织模式的企业数为12家，占被调查总数的14%；采取复合型运营模式的企业数为7家，占被调查总数的8%，如图7-2所示。

7.2.1 契约关系模式

1. 契约关系模式的代表企业：贵州铜仁和泰茶业有限公司

贵州铜仁和泰茶业有限公司是贵州省铜仁市万山特区的一家大型招商引资企业，也是贵州省最大的一家集"种植、生产、加工、销售"于一体的农业产业化经营企业。2012年该公司生产出口珠茶3 828吨，实现销售收入4 050万元，利润222

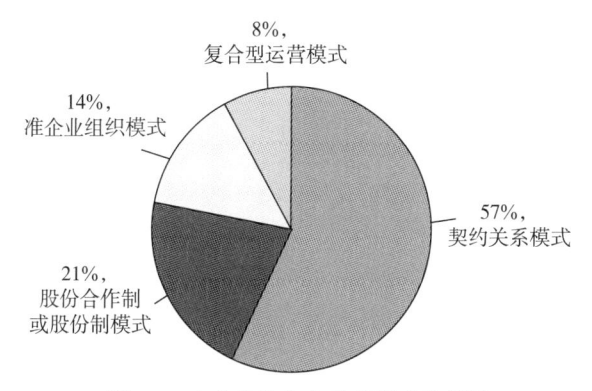

图 7-2 农业龙头企业经营模式比率图

万元，实现税收120万元，出口创汇达100万美元，成为名副其实的绿色龙头企业，2008年被评为"中国茶叶百强企业"，成为贵州省内最大的茶叶加工类企业和贵州省级农业产业化经营龙头企业及国家级扶贫龙头企业。

通过"公司+农户"方式，公司对农户进行技术培训，与农户签订销售合同，农户采摘的茶叶按保护价销售给公司，从而保证了农户、公司双方利益，增强农户种茶积极性。创建"庄园化管理"模式，为提升茶叶产品质量，该公司派出技术人员，通过统一的技术指导和管理模式，把小农生产经营户，进行成片组合，运用"庄园式管理"模式，严格控制农药的使用，有效保证茶叶原料的质量要求。改变茶叶传统采茶方式，提高茶青利用率。由于传统采茶方式，采茶周期不长，茶叶利用率不高，改用机械化采摘、新科技生产，延长了采茶周期，每亩茶青产量提高到800千克，产值增加到2 500元，有力地保证了公司原料生产需求。以每亩茶青加工量800千克计算，按最低保护价收购，可为农户增收2 352万元。5万余亩茶叶基地，可解决1 200余人就业，按每户种植4亩茶园计算，需12 500户农户管理，户均可增收2 320元，人均增收800元。

2. 契约关系经营管理模式

契约关系在这里是指参加农业产业化经营的龙头企业和农户之间参照相互签订的合同（契约）来承担各自的权责利，即龙头企业和农户签订具有法律效力的营销合同、资金扶持合同和科技成果引进开发合同等，明确规定各方的责权利，以合同关系为纽带，进入市场，参与竞争，谋求发展（刘晓红，2006）。契约因合同内容不同而有所差异，根据农户与龙头企业间权利义务关系来划分，通常有以下三种代表形式：①企业只需要与农户订立农产品的买卖价格和数量，使农产品销路和企业的原材料来源有较好的保障；②企业不仅需要订立农产品的买卖价格和数量，还需要规定以议定的价格向农户提供生产资料和技术指导；③企业除了需要订立购销关系和指导关系以外,还需要规定给农户返还一定比例的经营利润。

契约关系经营模式如图7-3所示。

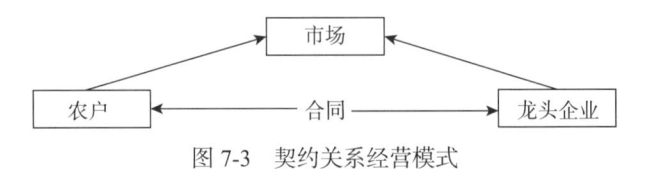

图 7-3 契约关系经营模式

3. 契约关系模式的经营优势

(1)降低农业生产和经营的不确定性。自然的随机变动和消费者偏好的不可预料变化带来不确定性。虽然农户与龙头企业签订契约并不能降低自然的随机变动产生的农业的自然风险(农业的自然风险源于农业生产对象的特殊性),但却可以降低市场风险(周吉等,2012)。农业的市场风险来源于农产品的供需特征和农民本身的特质,而农户和龙头企业签订购销合同,让龙头企业替代农民来当农业生产经营的决策者,也就是说农民在一定程度上把经营权转给了龙头企业。龙头企业是理性经济人,它通常掌握着一部分专业的生产经营决策者,也就是职业经理人,通过高效率的决策来降低农业生产的风险。而当市场发生价格波动时,农民个体通常只会被动面对,但是龙头企业根据其庞大的社会网络、最新的市场资讯,可以在市场上主动出击应对市场波动。由于龙头企业经济实力上的强大优势、社会信用程度高,会有较多的方案去化解危机、提高收益。

(2)降低用于搜寻市场信息的费用。对农户经营来说,为获得农业生产信息,其搜寻费用相对于小规模的农户必定是很高的,一般农户也难以承担(陈俊华等,2013)。然而,龙头企业的经营规模大,其搜寻费用占其收入的比重会相对小。

(3)降低源于机会主义的损失。因为单个农户要面对生产资料市场和农产品销售市场,在讨价还价和合同的签订时会处于弱势地位,很可能因对方的机会主义行为而遭受损失。但是农户和龙头企业签订合同之后,农户就不会直接面对市场,在市场谈判上龙头企业较有优势,能在一定程度上预防对方的投机行为,从而缩减损失。

(4)降低企业经营的不确定性。龙头企业能拥有持续稳定的农产品来源,在价格、质量上都比较稳定。

(5)降低企业的组织成本。龙头企业能通过利用农户已有的专用性生产工具、农用土地甚至农业生产方式和劳动力,减少其生产的专项投资费用。并且,降低对农业生产全过程的管理和监督成本,因为购销合同的存在,缩减了交易费用。

4. 契约关系模式的经营效果

（1）不改变联合各方的经营独立性，是一种松散型的模式，龙头企业和农户具有经营的独立性，只要按合同要求履行相应的义务即可（严志业，2012）。企业经营战略必须考虑与农户之间的关系，由于农户是独立经营的，这就给龙头企业战略的制定和实施提出了更高的要求，从而在一定程度上影响企业实现经营目标。

（2）将契约作为制度和法律保证，界定各利益主体之间的利益分配关系，通过契约形式建立利益共同体。利益共同体的双方（龙头企业和农户）在契约的基础上，具有很大的灵活性，这使双方既独立又联合地实现自己的营销目标。

（3）通过契约建立的龙头企业和农户之间的利益关系，使企业的影响面更大，扩大了产品的市场影响，从而形成区域品牌效应。

7.2.2 股份合作制或股份制模式

1. 股份合作制或股份制模式的代表企业：贵阳三联乳业有限公司

贵阳三联乳业有限公司是贵州省乳业唯一一家国家级重点龙头企业，根据产业的特点和自身优势建设奶源基地。该公司总面积26平方千米，总资产1.3亿元，年销售收入1亿元，销售网遍及全省各地州县。该公司已分别在贵阳市乌当区、花溪区、开阳县、息烽县、清镇市、铜仁市碧江区川硐镇、安顺市西秀区、黔南州龙里县等地建成16个奶牛养殖基地，实现了"草上山、牛到户、奶进城"的产业结构调整方针。该公司生产的"山花"牌系列鲜奶制品，全部采用当天鲜奶、当日加工、当日上市的运作模式，被大多消费者认可，连续五年在同类产品中全省销量第一，被评为"贵州省名牌产品""贵州省食品工业著名品牌""贵州省优质农产品""贵州省名牌农产品"等，公司5个系列10个品种的主要产品经中国绿色食品发展中心评审认定获绿色食品标志。该公司积极以产业龙头企业的辐射带动作用促进农村产业化结构调整为导向，推进社会主义新农村建设，紧跟国际、国内乳业的发展动态，在坚持"安全、优质、高效、节约"的企业经营理念下，以其优良的乳制品品质带动了贵州本土乳业的发展，并树立了贵州乳业的典范。2002年该公司被国家九部委评为国家级"农业产业化重点龙头企业"，2006年被评为"农业部农产品加工示范企业"，通过ISO9001[①]：2000国际质量体系认证、HACCP[②]食品安全体系认证，被评为"贵州省食品工业杰出企业"。

---

① ISO：International organization for Standardization.

② HACCP：Hazard Analysis Critical Control Point.

贵阳三联乳业有限公司充分发挥了国家级龙头企业的带头作用，公司在贵阳远郊区、县建立11个奶牛示范基地，带动了1 900户牧草饲料种植户和1 400多户奶牛养殖户。其中，牧草饲料种植户年户均收入7 500元左右，奶牛养殖户年户均收入8 000元左右，在销售环节中，2 000余个乳品销售点解决了近6 000名城乡富余人员就业问题，人均年收入达7 300余元。该公司的乳业产业化发展，形成了"公司+基地+农户"紧密型的产、供、销一体化利益联结机制。农民用土地经营权和劳动力入股，凭股分红，多劳多得，实现了企业增效、农民增收、以乳品工业反哺农业的目标，经济效益、社会效益显著。

2．股份合作制或股份制的经营管理模式

农业产业化经营中龙头企业与农户之间采用股份制形式，组成股份制企业或股份合作制企业。农户以土地、资金、劳动力向企业参股，组成新的资产关系。龙头企业运用股份合作吸引农户投资入股，让企业与农户通过股份，形成"互利互惠，配套联动"的经济共同体，龙头企业变成股份合作制法人实体，入股的农户就是企业的股东。股份合作制或股份制的经营管理模式如图7-4所示。

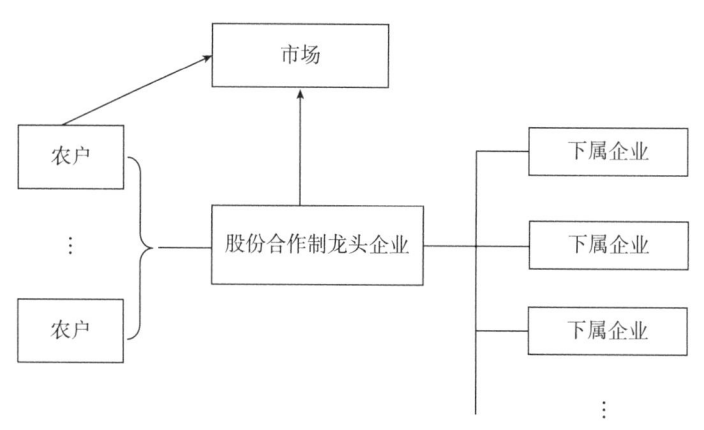

图7-4　股份合作制或股份制的经营管理模式

3．股份合作制或股份制的经营优势

（1）降低农业生产经营的不确定性和交易费用，大大缩小了农民和企业在生产和经营中的不确定性。在组织内部，把组织命令式换成市场机制，缩减了交易风险和交易费用。

（2）增强了组织的稳定性。农户拥有农产品的生产者和龙头企业的股东的双重身份，在共同体中生产活动完全内部化，龙头企业的经营效益与农户联系紧密。因为目标相同，所以减小了双方的机会主义行为，通过向农户进行股份分红，组织有较强的稳定性。

（3）能实现规模经济。农业企业通过使用先进的机器设备，进行专业化生产，综合利用农副产品，实现规模生产加工；生产要素的大批量采购和产品供给的垄断地位也可以让龙头企业在讨价还价中占有优势。加强生产的社会化、组织化、规模化、产业化程度，享受分工和规模经济所带来的效益。

（4）具有创新的优势。股份制龙头企业更具有研发的资本实力；拥有迅速把研究与开发成果转变为产业竞争优势的能力，创新收益高、创新动力强。

4. 股份合作制或股份制的经营效果

（1）这是产权联结模式，农民成为农业产业化经营龙头企业的股东，农户一方面从资金中获得应得的利润，另一方面从劳动中获得劳动报酬。农民的利益与龙头企业的利益更紧密地结合在一起，农民有了参与和配合企业经营管理的积极性，从而促进了企业经营战略的贯彻，提高了执行效果。

（2）在农业产业化经营组织内部，龙头企业与农户的目标函数一致，有利于双方目标的实现。通过合理的激励兼容约束的机制设计，既有效率保证，也有公平可言。

（3）通过产权纽带将龙头企业和农户的利益联系起来，将市场行为内部化，在节约交易成本的同时，对外展开整合营销，有利于品牌传播，塑造统一的品牌形象。

7.2.3 准企业组织模式

1. 准企业组织模式的代表企业：长春野力集团有限公司

长春野力集团是集食品加工、餐饮服务和房地产开发于一体的大型民营工商企业集团。1997年进入农业领域，采用"公司+基地+农户"的形式，进行葡萄的种植、加工和销售的一体化经营，取得了很好的效益。

1997年，野力集团选中了秦皇岛市昌黎县作为其葡萄酒产品的原料基地，最开始，公司与昌黎县农民签定葡萄收购合同，农民依靠自身的资金、技术和管理技能进行葡萄原料的生产和管理，将成熟的葡萄产品卖给公司。但由于葡萄种植投资大、技术要求高，而地块零碎分散，农民一旦遇到自然灾害和市场波动，利益就会受到损害。同时，公司也无法保证产品原料供给的稳定性和质量。面对众多农户，合同的约束力弱，违约现象频繁。针对这种局面，野力集团果断采取了"反租倒包"的形式，向农民租用土地的使用权，租期10年。公司根据生产需要，确定葡萄种植劳务定额，将劳务定额再反包给农民，公司对葡萄生产实行统一管理和技术指导，农民严格按要求操作，然后按承包土地的数量和产品产量获得报酬。

野力集团利用"反租倒包"将农业变为企业的"第一车间",将农民变成"工人",然后把"第一车间"与公司加工、销售环节紧密相连,形成了一条既相互分工,又互为依托的产业链,公司对产业链上的每一环节,全过程实行严格的专业化分工和企业化管理,这避免了在松散联合形式下,交易成本高,利益流失大的矛盾,较好地解决了葡萄原料供给不稳定、质量无保证的问题。

2. 准企业组织经营管理模式

准企业组织模式是指企业同农户签订土地承租合同,租赁农户的土地,然后把所承租的土地集中起来,统一规划,投资农田改良和基础设施建设,引进先进农业设备、优良品种等,再雇用农户经营或将土地反包给农户经营。这类似于企业化经营,将产、供、销各环节纳入一个统一经营体内,表现为单一经济实体内部相互关联的经济过程。农村成为企业的第一生产车间,而农户成为农业生产工人。准企业组织经营管理模式如图7-5所示。

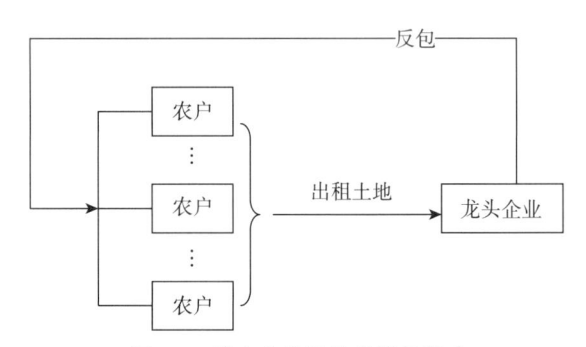

图 7-5 准企业组织经营管理模式

3. 准企业组织模式的经营优势

(1)这种组织不仅实现了农业的专业化经营,而且完成了农业土地的适度规模经营的转型,提高了农业的技术投入的水平。

(2)资本集中程度高,实现了垄断利润。

(3)在高质量要求和高技术含量要求的农产品生产中有十分明显的优势。

4. 准企业组织模式的经营效果

(1)企业和农户之间可以是一种特殊的雇佣关系(当企业雇用农户经营时),不同于产业工人的完全雇佣,也可能是承包关系(返租倒包时),保证了企业和农户经营的灵活性,使企业经营战略更加灵活。

(2)一种纵向一体化组织,企业决定生产什么、生产多少,甚至如何生产、如何保证生产经营的统一性。企业的营销目标对企业和农户都具有指向性,使企业的营销目标得到保障。

（3）农户一方面从土地出租中获得收益，另一方面从农业劳动中获得报酬，农户的收益在两个层面上都得到了体现，这提高了农户的参与积极性。

7.2.4 复合型运营模式

1. 股份合作制或股份制模式的代表企业：广东温氏食品集团有限公司

广东温氏集团作为一个股份制经营的龙头企业，是一个包括多家种鸡厂、孵化厂、饲料厂、养鸡一体化公司、食品罐头厂、肉鸡分割冷冻厂、动物保健品厂等企业的联合集团。企业内部以股份合作来界定产权关系，股份可分红，股利分配多以扩股形式记在股东名下，但大部分留在企业，转为扩大再生产的投资，形成了自我积累的资金运营机制。公司与农户是以产前种鸡供应，以资金抵押来结算，生产中技术指导，保证收购，收购采取保护价收购。以综合效益和规模效益弥补收购价中的亏损（市价与收购价之差为亏损，因养鸡业具有完全竞争的市场）。对农户的激励是一种固定薪金加增量报酬分成的方式，但农户也要承担一般养鸡的自然风险，不过公司的规模化成本较低的技术服务，满足并降低了农户的自然风险，同时成本增加不大。集团的规模经营，产业内部分工较细，以内部组织运营的高效率和组织成本的降低，扩大企业规模即企业的边界，取得规模效益。

2. 复合型经营管理模式

复合型经营管理模式是指股份制模式的农业产业化经营组织与农户再形成契约关系；或准企业模式的产业组织与之外更多的农户签订购销契约。这种运营模式可以带动更多的农户。复合型运营模式如图7-6所示。

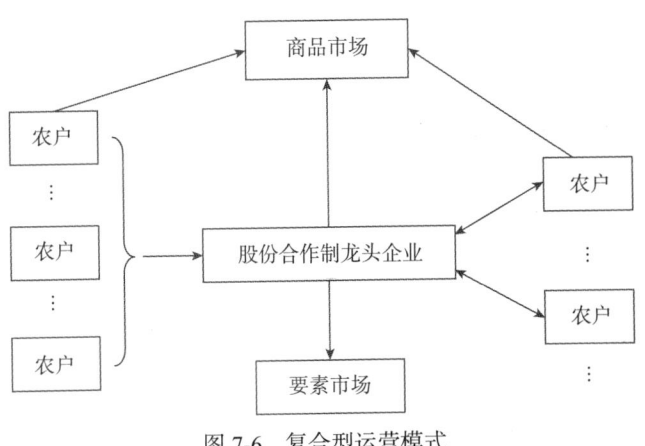

图 7-6 复合型运营模式

3. 复合型运营模式的优势

(1) 通过复合型管理模式，多种利益主体的利益在综合体中得以体现。

(2) 通过多种利益关系的契合，调动各方的参与积极性，实现综合体效益最大化。

4. 复合型运营模式的效果

(1) 农户通过股权、购销合同、反包等多种形式与龙头企业实现利益契合，建立利益共同体。

(2) 多种管理方式并用，管理趋于复杂化。复杂的管理模式对企业管理水平提出了更高的要求。

下面将上述四种模式通过表7-1进行汇总比较。

表7-1 农业龙头企业经营模式汇总表

模式	经营优势	经营效果
契约关系模式	1. 降低农业生产和经营的不确定性 2. 降低用于搜寻市场信息的费用 3. 降低源于机会主义的损失 4. 降低企业经营的不确定性 5. 降低企业的组织成本	1. 龙头企业和农户具有经营的独立性，只按合同要求履行相应的义务 2. 契约作为制度和法律保证，界定各利益主体之间的利益分配关系
股份合作式或股份制模式	1. 降低农业生产经营的不确定性和交易费用 2. 增强组织的稳定性 3. 能实现规模经济 4. 具有创新的优势	1. 产权联结型模式，农民成为农业产业化经营龙头企业的股东，农户一方面从资金中获得应得的利润，另一方面从劳动中获得劳动报酬 2. 龙头企业与农户的目标函数一致，通过合理的激励兼容约束的机制设计，既有效率保证，又有公平可言
准企业组织模式	1. 农业的专业化经营，农业土地的适度规模经营，提高农业的技术投入水平 2. 资本集中程度高，易获得垄断利润 3. 具有高质量、高技术含量和高专用投资的农产品的生产要求	1. 企业和农户之间可以是雇佣关系，也可以是承包关系 2. 纵向一体化组织，企业决定生产 3. 农户从土地出租中获得收益，还可从农业劳动中获得报酬
复合型运营模式	1. 多种利益主体的利益在综合体中得到体现 2. 调动各方的参与积极性，实现综合体效益最大化	1. 实现利益契合，建立利益共同体 2. 管理趋于复杂化，要求更高的管理水平

7.3 农业龙头企业经营组织运营的基本原则

不论龙头企业与农户采用何种方式联结成产业化经营组织，以企业为龙头的农业产业化经营组织在运营中都应遵守以下几个基本原则，保证利益、效率、协调和平衡。

7.3.1 利益原则

满足成员的利益（需要、愿望或要求）是任何组织存在的目标之一。对经济组织而言，则要满足其成员或客户的经济利益。当然，这些利益的满足程度可能随参与者在组织中的地位、数量不同而有所不同（阿迎萍，2006）。龙头企业必须对其参与者拥有某种利益诱因，即经济利益的吸引力。在组织的运营中，必须使参与者实现其利益。

7.3.2 效率原则

效率是管理极其重要的组成部分，是管理追求的目标之一。管理就是要使资源成本最小化，按照专业化的分工和协作进行有规律、有秩序的运作，产生规模效应、协同效应。在产业化经营组织系统内部，尽可能地高效率利用各种给定的资源。

7.3.3 协调原则

协调原则源自组织理论的"纵向"专业化。组织理论认为，管理组织是以专业化为特征的，专业化分工是组织的基础，它可以使组织将工作分为几个部分来进行，从而使每个分支部分将工作做得更有效能和效率（商振国，2015）。龙头企业经常主动与种养农户签订合同，在合同中明确双方的权利和义务，由于龙头企业在农业产业化经营中居主导地位，原来属于农业的一些生产经营环节，因专业化分工的发展便逐步转归龙头企业之中。并且，龙头企业在技术装备、生产的标准化方面具有优势，从而使农业生产者的所有权和经营权受到一体化组织中龙头企业的限制；另外，为了高效率地实现组织目标，龙头企业必须依据技术经济的合理性和计划性来协调农业相关产业的生产、交换和分配。

7.3.4 平衡原则

龙头企业带动型的农业产业化经营组织是由不同的生产企业和单位集合而成的，这些不同的有产销联系的企业、单位或纵向结合于一个决策主体，或以合同（契约）形式分散存在。由于这种产业化组织中存在多个相对独立的利益主体，如果合同（契约）定得不合理，或合作的诱因不充分，或合作盈余被某个参与主体垄断，那么一体化组织将失去存在的动因而消亡（陈孟平和李兴稼，1997）。根据平衡原则，这种农业产业化组织在经营中不应该建立超经济的行政管理关系，而应建立在组织共同目标之下的互助互利关系，在系统内部实行分层次的目标管理，但不允许垄断行为。

7.4 农业龙头企业经营模式的选择

在农业产业化经营组织的发展中，并不存在最完美的模式，不同的产业、发展阶段、地区会出现不同的选择，龙头企业的农业产业化经营组织应采取最适合的运营模式。所以，农业产业化经营组织的运营往往会出现多种运营模式并存的情形。

7.4.1 根据产业经营对象选择运营模式

不同的产业经营对象，其生产过程、交易过程的属性及消费的属性都不一样，因此会存在不同的运营模式。在农业产业生产过程中，对技术要求不高的产业，可以考虑采用专业指导与农户分散生产的模式，即采用契约（合同）模式，企业主要提供技术服务，农户自主生产；对技术难度大的产业，应考虑采用类似于工厂化规范化统一生产的模式，以保证合格、充足和及时的农产品原料的供应。技术要求高、投资大、规模效益明显的特点，使这种产业宜采用集约化经营，在运营模式中，较适宜采用企业化模式。

7.4.2 根据产业发育程度选择运营模式

运营模式的选择，应该综合考虑产业发育程度、产业发育阶段等因素。在产业发育初期，主要矛盾是启动市场机制，把经营者推向市场，龙头企业把自给自足的经济实体带入市场交易体系中去是这个阶段重要的、主要的矛盾（刘海存，2009）。在这一阶段，龙头企业主要扮演"探路者"的角色。因此，产销合同（契约）模式比较常用和合适。产业发育的第二阶段，主要矛盾是在市场化的基础上经过优胜劣汰、扬长避短，进行专业化、规模化经营，有些合同契约的模式经营的农业产业化经营组织可能进一步演化成较为紧密的联结方式，专门从事某一类产品的生产或加工，或销售，或运输，可能出现股份制和股份合作制产业组织，也可能出现企业组织形式的产业化组织（李燕琼和张学睿，2009）。

第8章 农业产业化经营中的主要问题与龙头企业的发展对策

8.1 当前农业产业化经营存在的主要问题

农业产业化在西方国家被称为"农业产业一体化"或"农业一体化",是"农工商、产供销一体化经营"的简称。农业产业化作为市场经济条件下发展农业的一种生产经营形式,自20世纪以来在西方国家一直处于发育完善和日益成熟之中。

农业产业化是以市场为导向,以经济效益为中心,以主导产业、产品为重点,优化组合各种生产要素,实行区域化布局、专业化生产、规模化建设、系列化加工、社会化服务、企业化管理,形成种养加、产供销、贸工农、农工商、农科教一体化经营体系,使农业走上自我发展、自我积累、自我约束、自我调节的良性发展轨道的现代化经营方式和产业组织形式(魏玲丽,2011)。农业产业化经营的本质特征是以市场机制组织农产品的生产、加工和销售,使三者之间由原来的单纯买卖关系变为以利益为纽带、以契约方式结成利益共同体,形成促进农业发展的新机制,实现利益一体化。

(1)龙头企业的规模较小。尽管在农业产业化经营的过程中,龙头企业数量不断增加,但是大部分的龙头企业都是地市级龙头企业(图8-1),该种类型企业占总体84%的比重,企业的总资产超过3 000万元的企业屈指可数,仅占1%。超过一半的企业员工人数在50人以下(图8-2),员工人数少于100人的企业占企业总量的76%。此外,大部分的企业存在缺乏技术人员、没有规范化的管理、层次偏低及带动能力不足、辐射范围小及实力较弱等问题。受到地区经济发展条件的限制,农业产业化过程中龙头企业的起步较晚,且发展初期不具规模,使龙头企业对当地经济发展的带动作用被大大削弱。除此之外,本地区的大部分农业龙头企业以进行初加工为主,产品档次较低,缺乏市场竞争力。总结国外农产品发展经验,农产品利润的60%是在加工流通领域实现的,产品加工程度对农产品产业链具有决定作用,加工程度越低,产业链就越短,对经济发展的辐射带动作用就越弱。

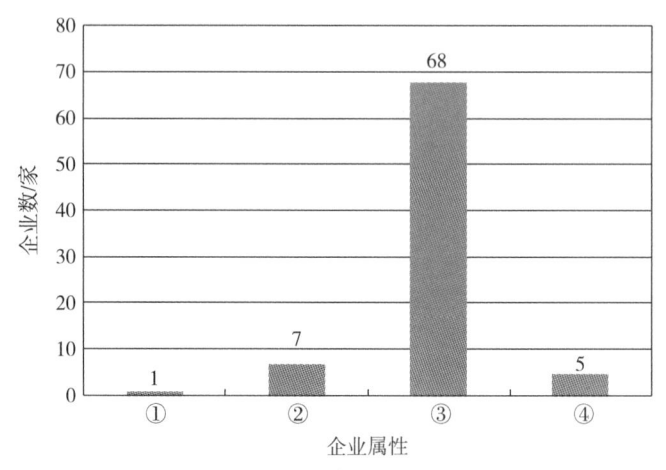

图 8-1　农业产业企业属性

①表示国家级农业产业化龙头企业;②表示省级农业产业化龙头企业;
③表示地市级农业产业化龙头企业;④表示县级农业产业化龙头企业

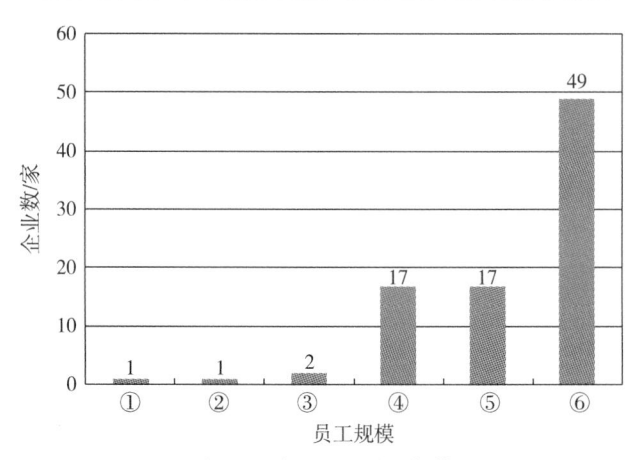

图 8-2　农业企业员工规模

①表示2 000人以上;②表示2 000人以下1 000人以上;③表示1 000人以下200人以上;
④表示200人以下100人以上;⑤表示100人以下50人以上;⑥表示50人以下

（2）政府扶持力度不够。中央和贵州省政府对农业的扶持力度是相当大的。以2012年春耕备耕为例,中央财政预拨249亿元农业补贴资金支持各地,其中农机具购置补贴资金100亿元。十七届三中全会通过的《中共中央关于推进农村改革发展若干重大问题的决定》明确指出,要加大对农业产业化经营企业扶持补贴力度。此外贵州省政府也十分重视对农业产业化的发展,加大投入力度。为防止涉农资金的挤压、沉淀,甚至被截留、挪用,2012年开始贵州省对涉农补贴资金实行省级直接发放。然而,在我们对企业进行实地调查中发现,政府对企业的各项补贴或资助资金迟迟不到位,企业也苦不堪言。地方政府在对企业的扶持力度上与国家和省政府相比还远远不够,这在一定程度上阻碍了中国各地农业产业化经营的发展。

由表8-1可以看出,劳动密集型企业表现尤为突出,政府扶持力度不足和缺乏针对性是制约农业产业化发展的关键因素,也是农业产业化发展的瓶颈所在。

表8-1 企业存在的问题和企业产型交叉制表

企业存在的问题		企业产型				总计
		劳动密集型	资金密集型	技术密集型	国家或省认定的高新技术企业	
与农户利益联结不够	计数	6	1	1	0	8
	占比/%	6.8	1.1	1.1	0	9.0
政府扶持力度不足和缺乏针对性	计数	32	6	10	1	49
	占比/%	36.0	6.7	11.2	1.1	55.0
企业自身发展尚不完善	计数	15	3	9	0	27
	占比/%	16.9	3.3	10.1	0	30.3
其他	计数	2	2	1	0	5
	占比/%	2.3	2.3	1.1	0	5.7
总计	计数	41	10	14	1	66
	占比/%	61.8	13.5	23.6	1.1	100.0

(3)企业处于发展不成熟阶段(图8-3)。这些企业的不成熟表现在以下几方面:一是市场拓展经验不足,企业的市场拓展能力是制约企业发展的最主要因素之一,在接受调查的企业中超过30家企业的领导人认为这个问题是其面临的主要问题,然后是企业的管理水平偏低,大约有30家企业存在此方面的主要问题,占被调查企业的19%。二是政府对当地农产品企业发展的扶持力度不足,相关的扶持政策缺乏针对性,企业自身发展不完善也是企业发展面临的重要问题之一,接受调查的企业中近30%的企业存在上述问题。三是企业科技研发能力不足。在接受调查的企业中只有约16%的企业设立了独立的科技研发部门,对这些企业更进一步的分析结果却表明这些企业中大部分是劳动密集型企业,而设立了独立的科研部门的技术密集型企业却屈指可数,仅有两家。部分企业仅仅是同相应的科研院校有一定的联系,多数企业既没有设立科研部门,也没有同

相关科研机构的联系。

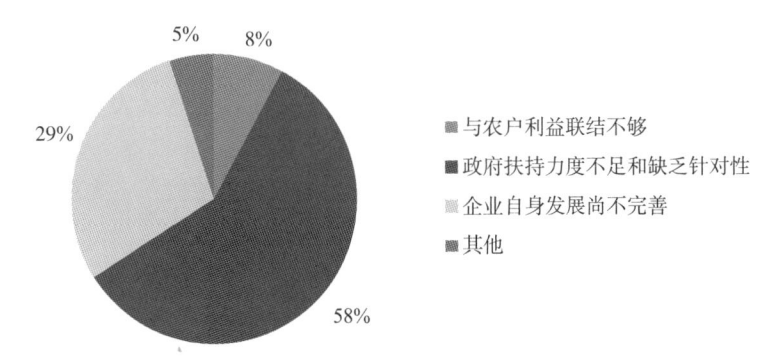

图8-3 企业发展存在问题

（4）专业人才严重缺乏（图8-4），科学文化水平不高。在接受调查的企业中仅有37.6%的企业认为他们的企业所需的各方面的专业人才得不到满足甚至严重缺乏，人才的缺乏在国家或省认定的高新技术企业以及劳动密集型企业中更为严重。同时，在接受访谈的企业中，很多企业的管理中也涉及此类问题。企业专业人才的缺失直接导致企业发展程度较低，最终导致了农业产业化经营程度的不足。

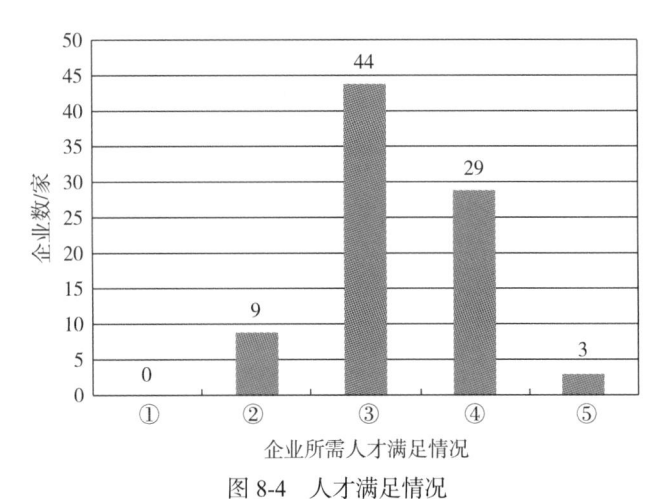

图8-4 人才满足情况
①表示非常充足；②表示满足；③表示基本满足；④表示不能满足；⑤表示严重短缺

（5）企业获得土地使用权困难，或者获得土地使用权的成本较高。对接受调查企业的调查结果的分析表明，有超过60%的企业认为土地使用权的获得非常不容易或获取成本较高。政府在企业获取土地使用权方面的协调能力不足（图8-5），企业很难通过相关政府部门协调获得土地使用权，大部分企业只能依靠自己的能力采取同农户签约或委托农户进行生产的方式解决企业产品供应问题。这就造成企业没有稳定的可供其使用的土地,给企业的产品供应带来极大的风险。同时,这也大大增加了这些农产品企业的经营风险,使企业在扩大发展规模方面受到极大的限制,也极大地限制了该地区农业产业化发展的进程。

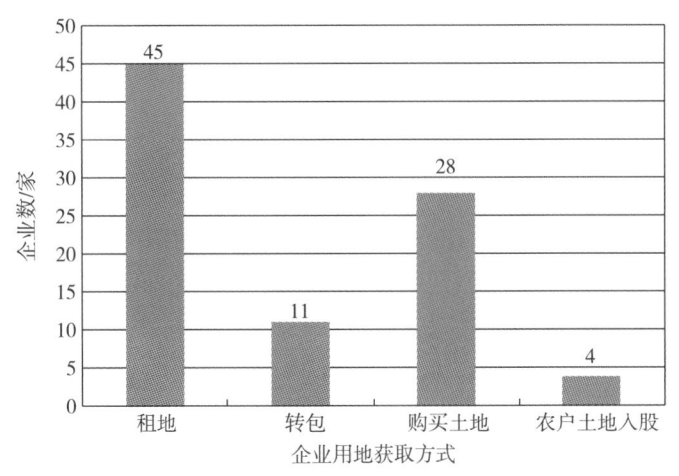

图 8-5 企业获得土地情况柱状图

（6）企业和农户的利益关系不规范。农户与龙头企业的关系通常只是简单的买卖关系,农户无法获得农产品在加工环节产生的增值的好处以及在流通环节所产生的利润,很少有企业与农户签订稳定的购销合同,企业不能同农户之间建立亲密的联系,更无法把农户看做真正的经济利益共同体。同时企业和农户之间存在盈不负亏的问题,即企业与农户之间比较容易形成利益均沾的共同体,却很难结成风险共担的共同体。

从农户的角度开看,企业拥有相对雄厚的资金、相对专业的人才,且对市场信息的掌握能力和产品定价等方面的能力同农户相比具有绝对的优势。然而,同企业相比,以家庭为主要单位的农户的生产经营规模小,并且居住分散,没有足够的资金和专业的技术支持,对市场需求信息缺乏了解,处于相对弱势的地位。企业和农户供应链中地位和信息的不对称是指双方在进行谈判和制定决策时地位和权力的不对称,最终造成双方在利益分配方面的不对称。龙头企业和农户之间无法进行充分协商的主要原因是企业在双方的谈判中起主导作用,而农民只能被动地接受。如果出现关于合同中存在的内容不完善和不合理的条款设置、利益分配不均以及其他方面的纠纷时,农民很难获得法律方面的保护。

8.2 龙头企业的发展对策建议

农业产业化经营有效地促进了地方农业资源的合理配置，推动了具有地方特色的联合经济优势和良性经济结构的形成，造就了一批有竞争力的市场主体，龙头企业通过组织农户，实行专业化、标准化和规模化生产，既提高了农业的总体效益，也提高了农业企业的经济效益，增加了农民收入。

本书在对贵州省农业产业经营现状和存在的问题进行研究分析的基础上，针对贵州省农业产业化发展当前面临的问题提出以下几条具有针对性的建议。

（1）增强龙头企业的实力，增强其对经济的带动作用。一个农业龙头企业的实力的大小，决定了它对与其辐射能力以及与之相关的产业和地区经济的推动力。对该地区的农业产业化经营的进程有重要影响，决定着该地区农业产业化经营的规模、速度、水平和成效。因此，首先，要通过建立规模化和集约化的产品生产基地，以增加农产品的产量为前提，依靠科技企业的科技创新力，提高农产品的附加价值，培育具有市场竞争力的特色产品，提高企业产品在市场上的市场占有率。通过龙头企业的发展，促进其所在地区的特色农产品的产业化和规模化发展。其次，政府要加大对龙头企业的扶持力度。政府可以通过制定有利于龙头企业发展的政策，为龙头企业扩大经营规模和生产基地提供政策导向上的支持，为龙头企业实现技术改造、扩大规模等方面提供资金方面的支持，帮助龙头企业实现与其他企业的联合。培植起集信息、技术、加工、销售、服务于一体的农业产业化群体和产业化经营集团（康云海，1998）。

加强对本地区主导产业的培育和发展的引导，打造属于贵州省龙头企业的核心竞争力。在对主导产业的培育上，一是要通过信息共享和提供支持来指导农户生产和种植具有本土特色和市场竞争力的特色农产品，形成具有区域特色的主导产业，要通过向农户推广农业方面的新技术及新品种，加大对传统农业的技术创新，提高本地农产品的科技含量及生产效率，使原有大宗化生产的农产品的档次得到提升，具有本土特色的农产品实现规模化生产，要引导农户发展新的主导产业，对还没有形成规模化生产但具有显著的地方优势和开发优势的产品要加强引导和培育；帮助农业龙头企业制定明确的经营方针，以农业发展为立足点，加大对农产品的开发力度，加深农业发展的深度，扩宽农业发展的广度，提高农产品加工的精度及深度，加大市场推广力度，进行国内、国外两个市场的开发。针对龙头企业专业人才缺乏的问题，为龙头企业培养一批具有专业水平的高素质人才，使龙头企业的经营管理水平得到提升，同时加大对本地龙头企业的扶持力度，尽快打造属于本地农业龙头企业的核心竞争力。

对农产品产业链进行延伸，提高产品附加值。通过产业链延长，实现产品的增值。通过引进技术和自主研发，加工适销对路的深加工产品，实现满足消费者需求和企业效益的双重目标。鼓励有条件的企业建立自己的科研机构，增强产品和技术开发能力，引导企业走产学研相结合的道路，大力推动龙头企业同相关的科研机构、高等院校及科研人员进行合作，通过采取自主研发、委托开发及购买其他科研单位的研发结果等方式来不断地获取新技术、新方法、新材料、新装备、新产品等新的科技成果，提高企业产品的技术含量和附加值，推动产品换代、技术和设备更新。

（2）政府要加大对本地龙头企业的扶持力度。政府应在尊重市场经济发展规律的基础上，为本地龙头企业的发展提供一个良好的政策环境。第一，科学决策。政府应该在对本地资源状况、市场状况及区域优势等方面进行全面调查的基础上，确定具有优势的主导产业，并对现有的可利用的资源进行合理的整合、组织和规划，对资源进行合理的配置，提高资源的利用效率，提升企业和农民的收益。第二，增加对龙头企业的资金支持力度。各级地方财政部门需要有计划地安排用于农业企业发展的资金，支持本地农业企业的发展；也可以采取一定的措施来扶持一批对本地区经济发展具有促进作用，且能带动农民增加收入的企业优先发展；加强对农业基础设施建设的投入，促进科研设施、适用技术的推广，加强对相关专业人才的培养以及信息化在农业中的利用来降低生产成本、提高经济效益。第三，提供针对农业企业的优惠税收政策。地区政府可以在国家税收政策允许的范围内，根据本地区龙头企业的发展情况，制定有利于本地龙头企业发展的税收优惠政策。充分利用政府的宏观调控政策促进农业产业化龙头企业的发展（张学睿和李燕琼，2008）。

（3）加强企业自身的经营管理，推进经营机制的创新。实践证明，仅靠服务联结的农业产业化链条是相当脆弱的，稍遇市场风浪，龙头企业和农户就会"各奔东西"，农产品价格大跌大涨，使龙头企业和农户两败俱伤，而农户受到的利益伤害最大（屈孝初，2007）。因此，鼓励和引导广大农户以资金、土地、劳动力等形式入股，与企业建立新型利益分配机制，逐步由契约联结、服务联结为主，向资产联结、资本联结为主的方向发展，形成更为紧密的利益联结机制，使农户既能够分到企业利润，又能获得龙头企业在特殊时期给予的保护价、价外补贴等，带动和帮助农户由生产环节进入附加值较高、经济效益较好的加工、流通等环节，让农民从中获益。这样，龙头企业与分散农户之间简单的买卖关系上升为一种"农业发展我发展"的递进关系、依赖关系、促进关系。以市场机制为核心，不断完善双方之间的合作互补机制、风险补偿机制、合同约束机制。

加强农业产业化龙头企业自身建设。首先，增强企业市场开拓能力。一是进行市场调研，了解消费者真正的需求，保证生产的产品是消费者所需的，能够真正地满足消费者需求，提高企业的市场份额；二是将现代信息技术同传统的营销方式有效地结合起来,建立完善的市场信息系统,及时了解和掌握消费者需求的变化;三是强化"质量第一"的观念,保证外销产品的质量(周良骥,1999)。其次,调整企业经营机制。要加快现代企业制度在本地农业龙头企业的建立和完善,明晰产权,明确企业各部门的职责,提高企业的管理水平,运用现代科学管理方法规范企业运作模式,对外打造企业诚信经营的形象,在企业内部建立科学的决策体系及监督机制。推进企业科技创新,科研技术的进步是影响农业产业化进程的重要因素。农业龙头企业独立科研部门的设立,以及其与高等院校和相关科研机构的合作能够有效地推进农业产品的开发和科研成果的推广应用,增强科研成果的转化能力及速度,并培育企业品牌。再次,加大龙头企业科技创新能力及技术推广力度,提高产业化发展的科技含量。农业龙头企业竞争力的强弱同企业的科技开发和创新能力息息相关,科技创新水平的高低是农业产业化经营程度高低的标志。因此,各龙头企业需要同相关科研机构进行合作,形成优势互补,企业发挥其在生产方面的优势,而科研机构发挥其在研发方面的优势,面向生产和经营中存在的问题,进行产品和技术的创新,为企业的产业化经营提供有力的技术支撑。农业技术推广人员可以用企业技术服务、技术入股、技术转让等方式同农业龙头企业进行合作。最后,要结合中国当前"三农"问题的实际情况,把农业龙头企业的发展同解决"三农"问题有效结合起来,提高农民在科技、法律、市场等方面的意识,使农民能够真正地适应产业化的发展,并能够从中得到切实的利益,然后主动积极地参与农业产业化经营。

着力于农业新科技革命,大力促进科研成果在农业企业中的应用,加快成果转化速度。科学技术是第一生产力,加快农业产业化经营的进程必须以科技作为推动力,必须依靠知识推动经济的发展。企业需要建立健全的科技成果交易市场,大力推进科技成果向产品转化。第一,农业龙头企业需要加强同相关科研机构、高等院校之间的合作,形成产、学、研相结合的运营模式,为产业化经营的主体和科研机构之间进行科技成果交易提供必要场所;第二,切实抓好对农民的科学技术培训,提高农民的科学文化素质,增强农户对农业产业化发展的适应能力;第三,继续加大对农业科技的投入,鼓励和支持引进新品种、新设备、新技术,并鼓励和支持向基地和农户的技术推广。

(4)引导金融系统大力支持农业龙头企业,为农业龙头企业提供更加丰富的融资渠道。政府应引导相关的信贷机构根据"效益优先、因地制宜、规模经营、循序渐进"的原则,在充分进行市场调研及对产业相关信息充分了解的基础上,为农业龙头企业挑选合适的金融杠杆支点。与此同时,政府可以引导农村资本市场的发展,鼓励民间资金注入农业龙头企业,丰富龙头企业的融资方式及融资渠道。

要化解企业的资金瓶颈,关键是建立一种多元化的投融资机制。首先,发挥财政支农资金的力量,将财政支农资金整合用于重点企业的建设。这将有效地带动农民增收,使农民真正融入农业产业化经营的链条中。其次,建立金融机构投资龙头企业的合理机制。对产品附加值高、技术含量高、经济效益好、企业声誉度高的龙头企业,应适当简化贷款手续,创设宽松的融资环境。再次,要积极宣传引导民间资本注入龙头企业,除吸引社会主体入股之外,还可以鼓励员工入股,既可以扩大资金来源,也可以提高员工的主人公意识。最后,创造上市条件。通过上市,企业可以拓宽资金渠道,有效地解决企业资金短缺问题。

(5)重视相关专业人才的培养和引进,具有高素质的人才是企业发展的基础,拥有一批具有高度责任心、较强事业心、较高素质、较强专业能力的员工队伍能够极大地促进企业的发展;发展的核心是拥有具有创新精神、敏锐的市场洞察力及先进管理理念的企业家(崔宝玉和刘学,2014)。而对具有创新精神和先进的管理理念的专业人才的缺乏是多数农业龙头企业发展面临的突出问题之一。人才的缺乏使龙头企业的健康稳定发展缺乏保障。因此,企业必须重视企业人力资源方面的建设。首先,龙头企业内部必须注重对人才的培养和建设,以自身培养为基础,增加对人才培养方面的投入,针对人才培养投入问题的调查结果表明,在接受调查的企业中有超过65%的企业在人才培养方面没有投入或仅仅只有少量投入。其次,增加对专业人才的引入,农业龙头企业可以通过提供相应的奖励措施和优惠措施来吸引企业需要的专业人才,尤其是农业院校毕业的专业人才,为他们提供可施展的舞台,同时促进企业的发展。

与此同时,企业要建立健全人才使用机制,通过为专业人才提供更好的发展平台来保留出色的人才。企业可以通过设立合理的奖励机制,如为员工提供良好的工作环境和发展平台,给予优秀员工较高的福利报酬和更多的晋升机会等。通过给予其物质和非物质的激励相结合的方式激励并留住员工,使员工积极主动地投入企业的建设和发展之中。满足企业所需的人才数量、质量,使企业的人事结构得到优化。

(6)加快贵州省土地流转步伐,促进农产品基地建设。有了龙头,还必须建好基地来为其提供稳定的原材料供应。稳定的、数量充足的、具有可靠质量保证的原材料供应是龙头企业发展的基础。因此农业龙头企业须根据自己的需要建立相应的、具有一定规模的、能够供应企业生产所需原材料的生产基地。通过生产基地的建立,企业能够对其生产要素进行整合,实现规模化的生产经营,减少产品的生产成本,形成企业的特色并使之逐步发展成具有竞争力、有一定规模、稳定的农业生产基地,努力实行集约化生产,摆脱粗放型的生产与经营,争取规模效益。实践证明,实施龙头带动,走产业化经营之路,对扩大企业规模、增加规模效益、加大科技力度、开发新品种、提高市场占有率、扩大出口创汇规模、增强企业竞争力、带动地方经济、发展支柱产业、增加农民收入起到了根本性作用。

"因地制宜，分类指导"，加强龙头企业农产品生产基地的建设。要扩大农业龙头企业的经营规模，实现农业产业化发展，需要建立属于企业的生产基地。必须根据龙头企业生产所需原材料，对农户的种植结构进行调整，建立企业自己的生产基地。把具有竞争优势和特色的产业集中起来，打造具有竞争力的农产品产业带和特色农业生产基地，实现特色农业的区域化布局。实现特色农产品的专业化、规模化及标准化生产，促使优势更优、特色更特，不断提高农产品的市场竞争力。立足本地区农业实际，打造名牌农产品。根据区位和资源条件，选择本地大宗或传统优势产品，集中精力，整合资源配置，培育特色产品。因此，农业产业化发展要形式多样、循序渐进、协调发展。发展方式上也只能是根据其自身条件和当地的特点因地制宜，选择适合自身情况的农业产业化形式。

（7）进一步规范和完善龙头企业与农户之间的利益分配机制，促进产业化健康发展。企业和农户之间的关系实质上是利益问题，企业可以通过建立以下几个有效机制维护和发展与农户之间的关系：首先，需要建立利益共享机制，真正实现企业和农户之间利益共享。其次，要建立适当的风险补偿机制。产业化的过程中企业和农户都面临许多不可测的风险，因此企业需要建立风险基金，用来补偿市场条件发生变化而导致的农户减收和企业的亏损。再次，建立法律保障机制，农户和企业之间主要通过订立规划的合同和采取一定的措施来保障合同的履行。一是要以发展的眼光来看待问题，正确处理企业和农户之间的利益分配，通过建立合理的风险补偿机制和法律保障机制，与基地农户之间建立起风险共担、利益共享的利益分配机制，尤其在合同履行的有效性方面更是如此，优先确保农民利益，实现双赢。龙头企业和农户之间要在平等、自愿、公平、互利、互惠的前提下进行交易，发展订单农业，通过以合同方式来规范企业和农户之间的权利和义务。二是考虑推出农民入股机制，农民以土地等生产资料入股直接进入龙头企业，以股份合作制形式建立利益共同体，保护农民对农产品进行加工、销售的权益，使其把这种权益作为资本和股份，同介入农产品加工、销售的企业合作经营，使农民成为企业的股东，并组成股东会，参与对企业的管理和监督，并享有企业分红。三是企业在组织农民与产业化链接中要在政策上保护农民、在利益上向农民倾斜、在市场上引导农民、在服务上方便农民等。这在调查中都得到广大企业的认可和支持。四是积极组建行业协会，要适时把同类农产品加工企业组织起来，建立行业协会，实现行业自律，防止企业间竞相压级压价，通过行业内部统一品种、统一标准、统一价格，实现行业自我保护。通过企业与农户签订供销、服务合同，建立契约关系。由企业提供种子、技术、生产资料供应等服务，由农民按企业的要求组织生产，实行保护价收购。

同时，在农业产业化经营的实施过程中，政府有关部门要根据市场主体"自主经营、自愿合约、利益联动、风险共担、共同发展"的取向，从利益分配机制和运转约束机制两方面对其市场主体的行为加以指导，实现贵州省农业产业化又好又快发展。

第9章 农业产业化与农村剩余劳动力的合理转移

9.1 农村剩余劳动力内涵

"三农"问题是制约中国经济和社会发展的一个关键问题。其中,农村剩余劳动力的安置与转移问题,更是直接关系到数亿农民的切身利益,也关系到中国社会与经济的发展。农业产业化是农村剩余劳动力转移的一个重要途径,可以消除当前农村剩余劳动力盲目、无序地向大中城市转移模式中存在的一些弊病,为农村剩余劳动力的合理、有序转移提供解决方案。

分析农村剩余劳动力状况,首先应区分农村剩余劳动力与农业剩余劳动力在概念上的区别。农业剩余劳动力是指相对于农地的承载力来讲显得过剩的农业人口,即农业边际生产率为零(甚至为负)的那部分劳动力。农业边际生产率大于零的部分为"非零值劳动力",用于区分对农业没有贡献的部分。农业剩余劳动力概念不包含"非零值劳动力",这部分剩余劳动力是指在农业行业内部无法安置,必须转移到非农行业中的劳动力,以农业边际生产率为标杆,转移方向为非农行业。

农村剩余劳动力是以地理为限的概念,是指从农村转移至城市的劳动力。这部分劳动力在理论上包括部分农业剩余劳动力,还包括部分"非零值劳动力"(史金善,2005)。将"非零值劳动力"转移出农业行业既不经济也不利于中国农业发展,所以合理、有序的剩余劳动力转移方案,应该将这部分劳动力转移回农业。同时,农村剩余劳动力中的农业剩余劳动力部分也可以减少:在农村当地将农业剩余劳动力安置到非农行业,既没有地理流转又存在行业流转,即为就地转移。就地转移后的农业剩余劳动力,因为仍在农村生活工作,不再称为农村剩余劳动力,但是仍为农业剩余劳动力。

有些文献资料在分析剩余劳动力问题时，并不对农业剩余劳动力与农村剩余劳动力概念进行区分。但是鉴于农业剩余劳动力与农村剩余劳动力在构成与转移方向的差异，本书在概念上提及剩余劳动力概念时，会交替使用这两个概念，但是解决的焦点仍是农村劳动力过剩问题。

9.1.1 剩余劳动力产生的原因分析

处理、转移过剩生产力的方法，要依据其产生的原因而灵活变化。农村剩余劳动力产生的原因主要如下。

（1）土地承载力有限与人口增多。土地承载力是指在一定技术条件下，支持一定消费水平的最大人口数，换句话说就是一块土地可以养活的人数，即使用最低生活标准衡量，农业剩余劳动力也呈现出不断增大的趋势，这是因为土地承载力弹性有限，耕地数量不断减少，但是农村人口却不断增加（王致萍，2007）。因为山区土地少，少数民族不受计划生育控制，像贵州省地处偏远的山区和少数民族聚集的地区，这种现象尤为严重。

（2）技术进步与劳动力的边际贡献递减。随着农业技术的进步，即使不使用现代机械化，单单是化肥、除草剂、灌溉系统等农资的普及使用，也使单位土地所需人工数量比以往有所减少。另外受劳动力边际贡献率递减法则的限制，多余的劳动力不可能在本行业内吸收，只能向行业外转移。

（3）农村收入增长缓慢。农业收入增长受自然法则限制，投入与产出不呈现严格递增关系。近年来，农业投入资本受经济波动影响，呈现出成本增加的趋势，但是农产品的价格上涨空间有限。

（4）城乡收入差距增大。城乡收入差距是产生"非零值"转移劳动力的主要原因。随着城乡收入加大，不少可以从事农业的劳动人口向城市非农业行业转移，降低了农业整体的生产水平，甚至荒废了土地。城乡收入差与农村劳动力流向城市数量成正比，假设城市收入不变，农村收入增加时，农村流向城市劳动力减少；农村收入减少时，农村流向城市劳动力增加。反之，假设农村收入不变，城市收入变动与农村劳动力流动呈反方向变动。这就解释了以下问题：为什么农村劳动力常常流向高收入发达城市；在当今经济危机的背景下为什么民工潮人数开始减少；减少土地税等农民增收政策为什么可以缓解劳动力流转压力。

9.1.2 剩余劳动力状况数据分析

通过劳动力测算方法可以粗略测算出一个地方农业剩余劳动力的状况，数据分析有利于政府部门了解本地农业剩余劳动力转移压力。如果有具体的统计数据支撑，实际农村剩余劳动力转移数据与测算数据之差可以为分析提供依据，该数值为正数代表"非零值"转移劳动力存在,数额越大,当地农业劳动力投入越不足,农业行业效益与劳动力在该数值制约内正相关;数值为负数,代表劳动力过剩且转移力度不足,应该疏通转移渠道,将过剩的劳动力转移至非农行业,从而提高农民收入。

测算农业剩余劳动可以使用劳均负担耕地测算法和社会平均生产力测算法。

（1）劳均负担耕地测算法：

$$G=L-S/SI \qquad (9-1)$$

式中,L为种植业现有劳动力数;S为耕地面积;SI为劳动负担耕地面积。

（2）社会平均生产力测算法：

$$G=L-AI \times Ls/GI \qquad (9-2)$$

式中,L为农林牧渔业劳动力;AI为农业总产值;Ls为社会从业劳动力;GI为国内生产总值。据此,可以推算出贵州省农村剩余劳动力人数。

在式（9-1）中,仅仅纳入了农业生产中最主要的生产资料——耕地面积这一变量,主要表明了人与土地之间的矛盾,即土地的承载能力问题;式（9-2）站在社会平均生产力的角度来对农业剩余劳动力进行测算,主要缺点是没有考虑到农业同第二产业、第三产业之间存在的不同（农业产业具有它自身的特殊性,是一个弱质产业）。尽管上述缺陷使计算的结果未能完全地反映出农业剩余劳动力的真实情况,但仍具有参考价值和借鉴意义。

2007年贵州省耕地面积为175.186万公顷（李长云等,2009）;农业人口总数为1 203.62万人（韩柱,2011）,非农业人口总数为1 390万人,非农比为1.76%。2007年贵州省农业总产值为392.2亿元。按照上述方法推算的农业剩余劳动力,与非农业人口数、贵州省外出务工劳动力数据对比,可以全面地说明贵州省农村（农业）剩余劳动力现状。

9.2 农村剩余劳动力的转移

农村剩余劳动力的转移建立在剩余劳动力存在的基础上,农业人口城镇化,即农业人口向城市迁移的过程,是每个国家的经济发展到一定程度时所必须经历的阶段,现阶段,中国正处于农业人口城镇化时期,"三农"问题始终是中国当前经济发展面临的最主要的问题。现阶段,中国农村剩余劳动力的人口数量依然庞大。相关的研究结果发现,至2012年,中国农村剩余劳动力人口达到了4 266.59万人。与此形成鲜明对比的是,沿海地区存在劳动力缺乏的问题,怎样合理地利用农村剩余劳动力已经成为阻碍中国经济发展的最主要问题之一。对这一问题进行研究并提出合理有效的解决方案,对中国经济的发展和社会的繁荣稳定具有极大的促进作用。

9.2.1 农村剩余劳动力转移的方式

（1）地理转移：异地转移与就地转移。异地转移是指向大中型经济发达城市转移，从事的行业为非农行业；就地转移是指在本地（本村），不改变居住场所，从事的行业为第二产业和第三产业。

（2）行业转移：与农业无关行业和农业产业链上下游行业。农业剩余劳动力的转移方向只能是非农行业，但是不同行业与农业的相关度不同。按照与农业相关度不同，转移后的行业可分为与农业无关行业和农业产业链上下游行业。

上述分类之间存在一定关联，异地转移后的农村剩余劳动力通常从事与农业无关的行业；而就地转移的劳动力，大多从事农业产业链上下游行业。

9.2.2 影响劳动力转移的因素

剩余劳动力转移的方向和速度受到预期收入差异、转移成本、转移摩擦力、土地流转自由度等方面的影响。

（1）预期收入差异对剩余劳动力转移的影响可以基于托达罗模型分析（李晓红和程燕，2015）。托达罗模型的基本思想如下：一是促进劳动力迁移的基本动力是城乡收入差异，这种考虑还包括心理因素；二是预期的而不是现实的城乡收入差异使人们做出迁移到城市的决策。所谓预期收入差异包含两个因素，即工资水平和就业概率。

（2）转移成本与转移摩擦力。农村劳动者在决策转移时会权衡转移收益，转移收益是转移带来的收入与转移成本之间的差额。转移成本有两个组成部分——实际成本与机会成本，机会成本主要是指从事农业行业的收入。转移摩擦力是指劳动力转移而产生的非经济干扰因素，如外来人口待遇、异地文化、语言、职业技能等。

一般情况下，劳动力就地转移面临的转移成本与转移摩擦力小于异地转移面临的转移成本与转移摩擦力。但是最终的转移收益，还要综合考虑转移收入的情况。

（3）土地流转自由度对农村剩余劳动力有直接影响。土地流转自由度不仅影响农业剩余劳动力的转移，对整个农业劳动力构成都产生影响。首先，在现阶段，中国大部分地区的农业生产模式仍然比较传统，这种以家庭为主要单位的生产经营模式使当前的农业生产呈现小规模、分散化生产经营模式，以较高的劳动力成本投入来提升土地产出率，这种生产模式对传统农业的改造和农业生产率的提高形成障碍，农民赖以生存的土地反而成为束缚农民发展的枷锁。其次，中国是一个传统的农业大国，农民受传统观念的影响比较严重，农民对土地的依赖存在非经济因素。加上城镇对流动的农民并未完全开放的现实，使大部分农民不得不选择亦工亦农、亦商亦农的兼业化的转移方式，造成了农民对向城市进行转移的心理负担。最后，由于缺乏合理完善的农村土地流转机制，农民承包的土地成了"鸡肋"，既不能转出去也不能推掉，完全丢弃又觉得可惜。因此，从农村转移出去的剩余劳动力在农忙时节又必须回家进行土地耕作，每逢中国的传统节日（如中秋节、春节）也需要回家同家人进行团聚，这些因素造就了中国独具特色的"民工潮"及"候鸟现象"，增加了农村劳动力向外转移的成本支出（苏巧平，2006）。

9.2.3 剩余劳动力合理、有序转移的含义

农村剩余劳动力流动尽管改变了其边际生产率为零或负值的局面，对经济的发展起着一定的积极作用，但是它的流动状况从某种程度上恶化了诸要素在农业中的组合结构；在产业流向上，非农产业吸纳能力减弱已无法稳定地实现职业转移；在空间流向上，以城市为主的倾向会在中国上演西方国家的"城市病"历史；更重要的是，它对中国恶劣的"二元经济"结构环境不仅于事无补，而且会加重这种现象。有资料表明，中国农业与工业近几年发展速度之比在1∶4~1∶3.6波动，超过了1∶3.0~1∶2.5的协调状态比值。

农村剩余劳动力的转移过程实质是对中国劳动力资源进行再分配的过程。农业人口城镇化过程是指农村的剩余劳动力实现同土地之间的完全脱离，从农业种植中真正地游离出来，并通过空间转移，进入城市中进行非农业的生产经营活动，并使之成为自己赖以生存的手段，最终脱离农业生产，实现职业转移。同时，转移过程中要注意度的控制，实现农业人口向城镇人口合理有序转移。合理度的确定，以劳动力转移阶段而定。农村剩余劳动力异地转移存在上述问题的根本原因是，中国农村剩余劳动力转移存在的不合理性、无序性。

要达到有序流动状态，必须遵循以下要求（刘翠花，2006）：①以保障农业生产为基础。农业的发展是国民经济健康发展的基础，农村剩余劳动力的转移必须在保障农业生产正常进行的基础上进行，绝对不能造成区域非零值劳动力的撤出，造成劳动力人口素质的降低，影响农业的产出，进而影响中国国民经济的发展。②转移规模及速度控制，在农村人口转移的过程中，要充分考虑城市中非农产业对劳动力的需求状况和容纳能力，以提高农业产业和非农产业的生产率为目标。③以进行非农产业结构的优化为目标。农村剩余劳动力的转移必须以促进非农产业发展中面临的问题的解决为目标，能够促进非农产业的进一步发展，实现非农产业的产业结构优化，促进中国国民经济更好更快发展，使具有发展广阔潜力的农村成为中国经济的下一个经济增长点，实现以城市为

主向以农村为主的转变。④农业人口的转移必须符合经济性原则，实现在低转移成本、短距离的空间转移下的农业人口的职业转移，寻求多渠道的人口转移形式。⑤农业人口的转移必须立足于中国当前的国情，以更好地促进城乡"二元经济"结构问题的解决为目的，加快城乡一体化的发展进程，缩小城市和农村之间的差别。⑥农业人口的转移必须要重视资源合理优化和配置，提高对资源的微观、宏观配置效率。⑦转移的根本方针是遏其源、畅其流。

9.3 传统农业条件下剩余劳动力转移

传统农村产业结构和剩余劳动力之间存在必然联系，二者之间的关系是矛盾的。不合理的、低层次的产业结构缩小了产业发展空间，降低了产业对劳动力的吸纳能力；而过多的无能力转移的农业劳动力，反过来束缚了农业产业的发展。

上述过程通过以下两方面体现：①大量农村劳动力的剩余使农业生产排斥对农用机械的使用，导致农业生产的规模狭小；同时，较低的商品率和劳动边际产出率，使农民缺少足够的生产剩余进行资本和技术投入。②不合理的农业产业结构，降低了农业收入，造成了大量的劳动力外流。所以，改革传统农业结构是解决农村剩余劳动力问题的根本途径。

9.3.1 传统农业条件下农村剩余劳动力转移的特征

（1）农村外出务工劳动力的文化、技术素质低。据统计，在农村剩余劳动力中，初中及以下文化程度的比重高达85.9%，受过专业技能培训的不到15%，有专业技术职称的不到2%，教育素质不足导致大量农村劳动力在务工中处于劣势地位，难以提高工作积极性（杨新亭，1998）。

（2）农业劳动力的比重快速下降。工业化进程不断推进，会导致大量的农业劳动力转向非农产业，并促使农业劳动力在社会总劳动力中所占的比重不断下降。1980~2002年，中国社会的总劳动力人数从4.23亿人增加到7.38亿人，年均增长2.60%，然而第一产业以及农业的劳动力年均增长率却仅达到1.09%与0.50%；此外，第一产业与农业的劳动力就业比重呈明显的下降趋势，从1980年的63%与69%，下降到2002年的50%与44%，23年时间内分别下降了13%与25%，说明了现今的中国正处于劳动力就业结构的快速转换时段（杨艳，2014）。

（3）劳动力转移途径多元化。乡镇企业从劳动密集型逐渐转向资本与技术密集型，促成农村劳动力转移呈现出城乡多元化、多途径的局面，农业劳动力转向农村以外区域的比例在不断增大。据中国社会科学院农村发展研究所等单位调查，农村劳动力转移到城镇的比例已经达到78%，其中35%集中在大中城市。

（4）产业关系中农村劳动力的转移具有滞后性。一般说来，从工业化导致的产业结构转变过程上看，非农产业的生产比重与就业比重的上升趋势虽然相同，但二者之间并不同步。无论是处于经济发展的什么阶段，非农产业的就业比重均小于非农产业的生产比重，且就业比重变化的程度一般要滞后于生产比重变化的程度。

（5）自发转移为主的流动转移。中国农村劳动力转移组织化程度较低，大部分仍然依赖于亲友、同乡等人际关系，亲友外出务工往往结伴而行。很少有农村劳工通过中介机构及政府有关部门有组织地向外输出劳动力。大部分农村劳动力进城寻求就业机会的信息都来自于亲友、同乡之间的个人交流或彼此帮助。

9.3.2 传统劳动力转移存在的问题

传统的剩余劳动力选择向大中城市转移，属于异地、跨行业"双转移"行为，不仅对农民本身，而且对接纳的城市都存在重要的影响。在农村劳动力转移中，主要存在的问题如下。

（1）农村剩余劳动力数量巨大，待转移劳动力数量众多，增速快。中国是农业大国，农村人口多，劳动力总量大、增长快，仅每年新增的农村劳动力就有几百万人，劳动力资源的增长远远超过了社会生产的需求，劳动力明显过剩。2005年，贵州省新增农村劳动力外出流动就业85.57万人，比上年增长5.6%，到省外就业的人数为64.08万人（农村劳动力外出前进行培训9.65万人），增长2.5%。

（2）向城市转移的农村劳动力整体素质偏低，并且呈现下降的趋势。在竞争日益激烈的劳动力市场上，岗位数量与劳动力数量之间不平衡的问题亦日益突出，劳动力的需求主体对劳动者素质的要求越来越高。然而由于长期以来，中国教育资源主要集中于城市，农村的教育主要以初级文化水平普及教育为主，未能真正地满足非农产业对劳动力的要求，教育水平低下已经成为提升中国劳动者素质和加快农村经济发展的主要障碍。此外，农村剩余劳动者整体素质偏低，缺乏专业的技能，使他们进入城市后只能选择对技能水平要求较低的工种，主要依靠从事繁重的体力劳动维持生活。低水平的文化素质限制了农业剩余劳动力的就业范围，极大地阻碍了农村劳动力向城市转移。

（3）制度成为制约劳动力转移的因素。面临制度障碍，中国的户籍制度使农村人口即使进入城市生活，也很难获得城市户口，很难真正地融入城市生活，户籍制度在城市和农村之间构筑了一道无形的高墙，成为城乡一体化发展的障碍。而有些地方政府制定的政策（如对本地居民提供的优惠政策）无形间阻碍了农民在城市中的发展，对劳动力的流动形成障碍，户籍制度和其他一系列排他性的城市劳动就业制度已经成为当前中国阻碍劳动力流动的最主要的因素之一。农村剩余劳动力的转移就业同人口城市化之间呈现极大的不连续性，其中最主要表现是农民工进入城市，在城市中的非农产业部门从事非农工作，但是却无法获得与城市居民同等的待遇，因此农民工实现从农村向城市转移，还存在许多体制机制的障碍。

（4）地区经济发展的不平衡使农村剩余劳动力的转移呈现出一定的盲目性。从对各区域发展现状分析结果来看，中国经济发展的特征主要有以下几方面的表现：经济的快速增长和各区域之间发展的不平衡同时存在。中国区域之间发展的不平衡不仅仅是发展经济学中的"二元经济"结构问题，更是一个多元结构问题，新中国成立初期，东部地区的经济得到优先发展，是中国比较发达的地区，而西部地区则十分落后，中部地区介于东部和西部之间。东部、中部、西部各区域之间的发展存在空间差异性，这使中国农村剩余劳动力的流向是由西部较落后的省份向东部沿海城市流动。

（5）农村劳动力异地转移对农村社会的负面影响逐渐显现。农村劳动力异地转移后，滞留在农村的劳动力以女性、大年龄、较低文化的人口为主，农业内部劳动力质量大大降低，削弱了农业生产能力。留守儿童和空巢老人问题也日益得到社会广泛关注。随着农村大部分青壮年的外出，农村社会治安防范力量也明显减弱。

9.4 农业产业化经营吸收农村剩余劳动力的效果

农业产业化是指以市场为导向，以土地承包为基础，依靠龙头企业的带动，综合发挥生产专业化、管理企业化等诸多优势，以提高农业劳动生产率和农产品市场竞争力的一种新型农业经营组织形式。同时，通过农业产业化经营，可以形成区域化、专业化、商品化、社会化和农工商一体化经营的高效运转的产业体系。因此，真正意义上的农业产业化就应该是变弱小而分散的农户为大规模的农业组织，降低生产成本和交易成本，提升农业生产者的市场地位。通过实现农业产业的横向一体化发展，就是要使农民由过去单纯从事简单农产品生产的角色转变为农业产业化发展中的重要主体。使其经营范围从以动植物种植和养殖为中心向周边相关产品拓展开来，提高其收益水平。农业产业的纵向一体化发展，就是要充分发挥各龙头企业的中介作用，建立起农户和农产品消费者之间的桥梁，使农民和企业成为一个真正的利益共同体，优化政府作为中介的调节频率，提高效率，实现农业生产从缺乏管理到实现企业化管理的转变（陈鹏和杜红梅，2014）。

9.4.1 农业产业化与剩余劳动力转移之间的关系

农业产业化是要实现农业从传统的依靠人力投入的粗放型发展模式向依靠科技创新和产品研发投入的节约型的经营方向转变的过程。根据对三次产业的划分，传统农业被认为是生产方式落后、对外部条件具有较强的依赖性的初级产业，因而被划分为第一产业，传统农业范围十分狭窄，仅仅包含简单的种植业及养殖业，而把种植和养殖前后的生产加工环节划分到第二产业或第三产业中。把与农产品发展相关的各个环节人为地分割开来，造成农、工、商之间信息的不对称，造成在交易过程中的不平等，也使消费者对农产品真正的需求不能很好地得到满足。农业企业很难实现规模化生产，市场风险加大，各方利益水平很难提高。农业产业化的过程就是针对当前农业发展中存在的上述问题，将农业产业发展的各个环节联系起来，实现农业产业的一体化发展，进行农业产业链的延伸，增加农产品的附加价值，增加就业机会，从而实现农村剩余劳动力的就地转移（沈晓红，2014）。

9.4.2 农业产业化在安置剩余劳动力方面的优势

比较来说，农业产业化模式对剩余劳动力的转移的影响，比农民自发异地转移至大中型城市从事与农业无关的行业或就地转移至其他类型的乡镇企业，有如下优势。

（1）农业产业化有助于改善工农商发展不平衡状况，促进农业生产力发展，提高农业收入，降低"非零值"农业劳动力转移，改善农民生活水平。

（2）其他类型乡镇企业与城市工业产业结构类同，缺少自己的特色，增大了与城市工业在原料、市场方面的摩擦，对增加农民收入方面没有竞争力。而推广农业产业化的龙头企业，在行业内有自身优势，竞争力强，有利于增加农业收入。

（3）城市工业与其他类型乡镇企业和农业的产业关联度低，浪费了广大农民在农业方面的人力优势。农业剩余劳动力转移到农业产业链条上的相关行业，可以减少培训成本，有效利用人力资源优势。

（4）实现剩余劳动力的就近转移，降低转移成本及农民就业风险，农业产业化能使农业产业链得到延伸，增加就业机会。农业产业化发展的本质是要实现农业生产领域中的专业化分工。通过实行专业化的分工来实现农业产业链延伸，增加中间产品的种类以及最终产品的附加价值。通过产业链的延伸，能够增加更多的职业类别和工作岗位数量，从而实现农村剩余劳动力的就地职业转移、就地就业，能够有效地缓解农村劳动力过剩的问题。因此，加快农业产业化发展可以有效地解决农村剩余劳动力的就业问题以及"三农"问题，这可以从古典经济学中的劳动分工理论找到理论依据。

（5）农业产业化有利于资源的最优配置，通过市场的手段，劳动力在农业产业链内部流转，效率高、反馈快，避免了农民异地自发流转的盲目性。

（6）农业产业化将有力缓解"民工潮"给城镇化发展带来的消极影响。农业产业化独特的优势在于以土地为中心，将农业产业的生产和销售环节有效地结合，延长了农业产业发展的农业产业链，扩大了农民的就业空间，增加了就业机会，实现了农村剩余劳动力的就地转移，使农民不必再像以前一样背井离乡地外出务工就可达到就业的目的，有效地缓解了"民工潮"在城镇化建设中带来的负面影响。

9.4.3 农业产业化对农村劳动力优化配置作用机制

（1）农业生产规模是农业资源数量组合的现实形态，它表现为土地、资金、生产工具和劳动力等资源在一定数量上的集中和配比。在市场经济条件下，农业资源的各要素在数量上相互结合应具有科学性。而且，随着农业生产力的不断发展和市场需求的变化，这种结合也日益严格和复杂。因此，只有按农业资源数量组织规律来结合，即按农业规模经济的内在要求来组织生产，才能获得更好的农业生产经济效益。

中国各地自然资源条件和生产力发展状况差别较大，农业生产的合理规模没有统一的标准。相比较而言，当农业劳动生产率、土地生产率和资金生产率达到最大时，即投入最小产出最大时，农业生产规模较为合理。只有通过流通度高的市场调节，才能有效率地实现这种农业生产规模，同时达到配置最优。这就要求农业经营过程中需要企业式的管理模式，按照市场的经济规律行事。这一过程，避免了"非零值"剩余劳动力的存在，提高了农业劳动报酬率，即提高了农业劳动收入。

（2）农业产业化能够提高农业比较利益，通过对农业产业链的延伸，引导绝大部分的农村剩余劳动力就地、就近消化。农业产业化发展为农民进入市场提供了有效组织形式，通过市场-龙头企业-生产基地（农户）的经营模式，对传统农业中家庭式的、分散的农户进行引导，使其加入主导产业的发展中，使农民不必再进行直接的市场交易。降低市场的不确定因素给农户带来的风险和交易成本。同时，农业产业化发展能够有效地带动与之相关的城乡工业企业、交通运输企业、仓储、农产品贸易公司等为农业产业化服务的企业的发展，大大拓宽了农民的就业渠道，有效地促进了农村剩余劳动力向非农产业转移。

（3）农业产业化发展促进了农业的集约化经营，加速了传统农业向现代化农业的转变。农业产业化发展能够有效带动农村产业结构的优化和升级，大幅度提高了科学技术在中国农业增产中的贡献率，由此也带来了农村文化科技教育的发展和农民素质的普遍提高。同时，农业产业化促进了农业生产要素的自由流动，加快了农村社会化服务体系的构建，带动了农业朝规模化发展和集约化经营方式的转变，有效地缓解了农户小规模生产经营方式和需要大量资金投入的农业科技应用之间的矛盾，这必将改变中国农业的增长方式，促进中国传统农业向现代化农业的发展转变。

（4）农业产业化的发展能够有效地解决中国现阶段的城乡"二元经济"结构，促进城乡一体化的发展，有利于国民经济的现代化发展。现阶段中国城乡之间的"二元经济"结构极大地阻碍了工农、城乡之间交流，对国民经济发展、实现共同富裕的目标形成了障碍。农业产业化通过利益机制，把城乡联为一体，打破了城乡分割状态，促进了城乡间人才、技术、资金、信息等生产要素的流动和组合，加快了农村工业化进程。与农村工业化进程同步，乡镇企业必然重视集聚效益，在布局上更具有规划性，通过在小城镇的适当集中，推动农村的城市化进程，并进一步带动第三产业的发展，为农村剩余劳动力的就近转移提供更多的就业机会。

9.5 龙头企业在剩余劳动力转移中发挥的作用

以"龙头企业"为核心，培育区域性主导产业、建设特色农产品生产基地，依靠科技创新和完善的运营机制，加大市场推广力度、建立健全的市场管理体系，是农业产业化发展的特征（张凯，2009）。农业产业化的发展能够更加充分地发掘农村剩余劳动力的潜力，更加合理高效地进行劳动力资源的开发，对农村劳动力资源进行有效的配置。农业产业化是链条，而龙头企业则是链条中的枢纽。在既定的区域，选择主导产业应依据客观条件，主导产业一旦确立，以龙头企业为核心的产业链条将遵照市场规律逐步形成。该区域的剩余劳动力非农化方向，必须围绕本地区的主导产业链条上下延伸，不能偏离主导产业链。所以，龙头企业在剩余劳动力转移中，发挥着核心主导作用。

9.5.1 企业内部安置剩余劳动力

龙头企业内部对劳动力的需求，可以就地安置部分农村劳动力。龙头企业对这部分劳动力的安置有以下特点。

（1）与土地流转相关的企业在租用土地的同时签订用工合同，转移因土地流转而剩余的劳动力。通过支付土地租金和雇佣原农业劳动力，双重保障农民收入，降低土地流转难度。土地采用规模化集中耕种，提高农业产出、降低农业成本。将原农业劳动力转移至非农行业，有效地保证农业剩余劳动力的合理转移。

（2）按照公司加农户模式，通过提高并保障农民收入的方式，减少"非零值"流转劳动力。对农业生产方式提供科学指导，提高农户收入的附加值，有助于进一步提高农民收入、保证原料来源。

（3）龙头企业对非农化劳动力进行必要的技术培训，有助于提高劳动力素质。培训的内容越多，带给劳动者的附加值越大，企业换工成本越大，企业与劳动者用工稳定性越强，劳动力流转率越低。

（4）可安置劳动力的数量，取决于龙头企业的行业性质。行业用工的特点影响龙头企业内部安置劳动力的能力，如资本密集型、劳动力密集型与技术密集型企业对劳动力的需求不同。

9.5.2 龙头企业对企业外部的劳动力转移的影响

龙头企业对整个产业链有主导作用，整个农业产业链的上下游延伸都以龙头企业为核心，所以龙头企业对外部劳动力的需求情况也有重要的影响。

（1）龙头企业的兴衰影响着上下游链条的生存状况，所以龙头企业的经营成果和盈利能力影响上下游链条的用工需求。

（2）龙头企业上下游涉及种植、养殖、物流、商业、金融等数个行业，除了直接相关的核心环节行业外，还包括众多辅助行业，如生活服务性行业，间接为农村剩余劳动力扩展就业渠道。

（3）龙头企业所处行业不同，农业产业链长度就不同，整个产业链总用工需求就不同。在引进龙头企业时，应综合考虑该行业产业链与劳动力需求之间的关系。

9.5.3 和泰茶业公司案例

以和泰茶业公司为例，说明龙头企业对农村剩余劳动力安置做出的贡献。贵州铜仁和泰茶业有限公司是一家拥有总资产10 146万元，年产5 000吨的制茶企业，建有1座精致茶业加工厂，并在铜仁、黔东南、遵义、黔南等地、州、市的相关县内，拥有32家初制茶叶加工厂，设备总量为1 000多台（套）。该公司2007年通过了ISO99001认证，获得全国工业产品生产许可证（Quality Safety，QS），2008年通过了HACCP和测量管理体系认证，是一家有代表性的农业产业化龙头企业。

至2008年8月，该企业除已经安排固定农民工1 200余人外，每年还解决当地农民临时用工80万个工时，支付的工资达800多万元，增加了农民收入，户均增收2 400元以上。支付的化肥费用、农药费用、运输费用也超过450万元。加工厂的工人就业、公司进购的燃料动力和包装物、产品运输、销售等，也在一定程度上提供了项目所在地的部分就业岗位，带动了当地经济的发展，增加了相关部门的收入。2005~2012年，公司共加工出口珠茶达9 168吨，销售收入9 848万元，出口创汇780万美元，上缴税金258万元，实现利润582万元。

中国农业剩余劳动力数量庞大，转移农业剩余劳动力在相当长时期内是一个难度很大的问题。由于安置渠道不畅，大量农民涌入城市，其中一部分是城市发展所需要的，其余部分是目前城市劳动力市场难以容纳的，这部分滞留在城市的农民给城市带来很大的负担，也造成劳动力资源的浪费。同时，在农业劳动力转移的过程中，青壮年劳动力大量脱离农业而向非农产业转移，致使实际从事农业的劳动力素质进一步下降，农村社会问题凸显，这给劳动力输出地也带来了不利影响。

农业产业化扩大了农业和农村的就业空间，使相当一部分农业剩余劳动力能够就地消化，这有利于农业劳动力合理转移，同时避免了农村劳动力向城市转移给输出地和输入地带来的弊端，是解决农村剩余劳动力问题的有效途径。

第10章　农业产业化带动农民增收情况

10.1　农民增收与龙头企业在农业产业化中地位

农民增收在近几年中逐渐成为中国执政部门和学术界关注的热点问题。有效带动农民的收入增长，是推动农村社会发展与进步，全面建成小康社会的关键性问题之一。农民增收和农业产业化、农业产业化进程中的龙头企业之间存在着诸多联系，三者相互促进和制约。本章就这些问题进行研究和探讨。

农民增收是中国发展农业产业化的一项重要的目标。在农业产业化中，农民处于基层的生产环节，提高其收入既可以有效地提高其生产的积极性，改善其生活，也有助于推动整个农业产业化的发展进程。

贵州省农民收入的主要来源如下。

（1）依靠经营种植业、养殖业、农副产品加工和服务业等获得的家庭经营收入。

（2）受雇于单位和个人获得的劳动报酬。

（3）取得存款利息、股息、租金和土地补偿而获得的财产性收入。

（4）享受国家政策补贴及各类捐助、救济等而获得的转移性收入。

农业产业化实质上是指对传统进行改造，增加农业发展中的科技含量，推动先进的科学技术在农业生产中的应用（王鹏程，2009）。这种生产经营模式能够整体上加快传统农业向现代化农业转变的速度。可以说，通过农业产业化能够拉近农民的生产和市场销售的距离，为个体农民提供更多的种植、养殖技术，并提供更多的就业条件，推动土地流转，最终提高农民的收入水平。而对农业产业化中的龙头企业的具体行为应予以引导。

龙头企业是依托主导产业和农产品生产基地建立规模较大、辐射带动作用较强的体系，具有引导生产、深化加工、服务基地和开拓市场等综合效用的企业。

该企业往往同种植基地的农户结成"风险共担、利益共享"的利益共同体。同时，该类型的企业在整个产品的原材料种植、收购、产品生产、加工、销售环节中同其他个体或企业联系紧密，并占有主导地位。

通常，地方上认定的龙头企业，必须具有较大的规模、雄厚的实力和强大的发展后劲；具有开拓市场、开发产品的能力和较高的经营、管理水平，具有较好的经济效益；具有较强的牵动、辐射和服务的能力；能担当起建基地、带农户的重任，有长远的发展目标，已形成较为规范的生产、加工、销售一体化经营的龙头。同时突出养殖业及外向型企业（包括合资、独资、合作企业）和民营企业。

所以，农民增收同农业产业化和龙头企业的关系如图10-1所示，农户为龙头企业提供原材料、劳动力和土地资源，龙头企业为农户提供生产的统筹规划和技术指导。农户同龙头企业的联系方式多为直接联系，或者通过大户等生产基地或政府组织的中介机构联系。龙头企业生产加工产品后，向市场销售产品，并根据市场的反馈和技术分析判定对农户资源的采购数量。其中政府的政策支持和银行的金融支持是必不可少的。

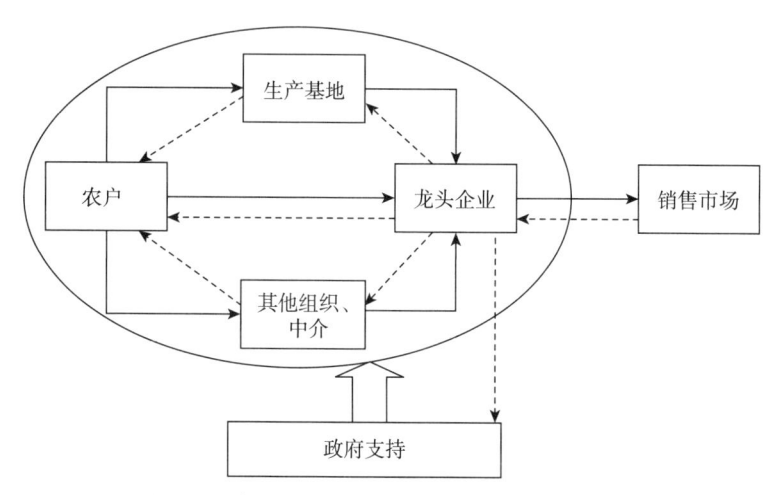

图 10-1　农民增收同农业产业化和龙头企业的关系

农业产业化促使龙头企业在某一区域内结合实际，围绕本地的重点农产品在市场导向下实现该产品整个生产过程中的供、产、销一体化生产经营，达到区域化布局内专业化分工生产，市场化经营、规模化发展、社会化服务的目标，促使农业实现城乡互补优势，市场自我调节，各产业相互促进、共同发展并带动农民增收。农业产业化的根本目的是提高农民的收入，令其获得切实的利益。农业产业化的整体状况、龙头企业的经营状态和农户的收入增长之间存在特定的联系。龙头企业的经营状态直接影响到农民增收，一方面农户的收入来自于土地使用权的出租和转让。其价格越高，农户增收就会越大，但同时也为龙头企业和其他使用该土地的生产者带来了成本提升的问题。另一方面龙头企业会雇佣大量的本地劳工，为当地农民带来收益。因此，农户和企业的共同发展会推动农业产业化的发展进程，而农业产业化进程的加速也会提高前两者带来的收益。

研究农民增收的同时，研究其同龙头企业和农业产业化的关系有重要的意义，这能令我们深入了解其相互之间的关系，特别是龙头企业对农户收入增长的影响，以及农户收入增长对龙头企业和整体的农业产业链的推动作用。同时，整个农业产业链的发展状况对其二者利益的影响也是显著的。

在农业产业链中，龙头企业的发展壮大与促进农民收入增加、生产积极性提高、得到实惠的农民发挥特长进一步加入农业产业化建设之间存在着特定的规律，如果能正确引导发展，就会出现良性的发展循环。就这一问题我们从以下几个方面分析。

（1）龙头企业带动农民收入增加的作用。
（2）农民增收对农民生产积极性的提高研究。
（3）龙头企业对农民增收的带动途径。
（4）提高积极性并发挥特长的农民对龙头企业发展的帮助。

针对本次研究，我们对贵州省各地区进行调研，获得了多个地区的农户增收情况的数据和大量的相关资料。研究分析了农民增收和龙头企业、农业产业化的相关关系。

10.2 龙头企业对农民增收的带动作用研究

10.2.1 带动效果分析

农业产业链中龙头企业对农民的增收具有明显的带动作用。针对此问题，我们对贵州省内87家农产品企业做出调查，其中63.4%（有效百分比为67.2%）的企业对农民增收起到了较大幅度的增加作用，但成倍增加的效果不大，仅为整体的4.5%。带动农民增收分析见表10-1和图10-2。

表10-1 带动农民增收分析表

	增收情况	频率	百分比/%	有效百分比/%	累积百分比/%
有效	有一定增加	25	28.8	30.5	30.5
	有较大幅度增加	52	59.8	63.4	93.9
	成倍增加	5	5.7	6.1	100.0
	合计	82	94.3	100.0	
缺失	系统	5	5.7		
合计		87	100.0		

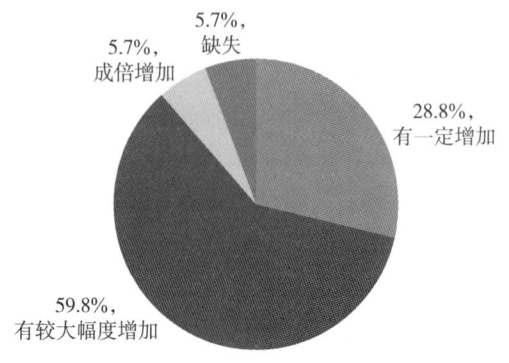

图 10-2 带动农民增收分析图

从图10-2中可以看出,通过公司的农业产业化发展,近六成的公司较大幅度地带动了农民的收入增加,不存在没有增加的。

1. 企业带动农民增收的形式

在带动农户的形式中,显示出68%的企业通过自身直接带动农户,23%的企业通过大户、经纪人带动农户进行生产,促进其增收;而利用专业的经济合作组织手段的企业非常少,仅有9%(表10-2和图10-3)。

表10-2 带动农户形式(单位:%)

形式	企业自身直接带动农户	企业通过大户、经纪人带动	通过专业的经济合作组织带动农户
占比	68	23	9

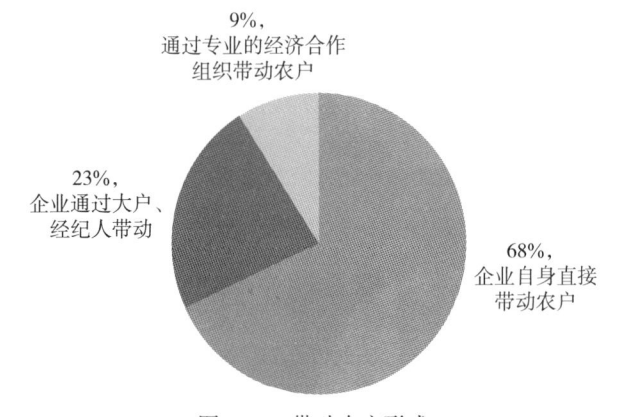

图 10-3 带动农户形式

图10-3说明企业和农户之间缺少相联系的专业市场和中介机构,缺少相联系的纽带。这一方面会导致企业的交易成本增加而不利于企业发展;另一方面也会使大量农民失去同企业联系、合作的机会,不利于整个产业的发展。

另外有以下两个方面值得注意：①通过农民专业的经济合作组织带动农户的企业有9家，仅占9%，表明贵州省农民专业经济合作组织尚需进一步发展，同时龙头企业与农民专业经济合作组织的联系也需要加强；②龙头企业规模越大，带动农户的形式就越多样，在调查的全部企业中，有小部分企业采用两种或两种以上的形式带动农户。

2. 不同产业领域的龙头企业带动农民增收的差异

在方差分析中我们发现，从事不同产业领域的龙头企业对农民收入的带动作用的均值存在差异，不同行业领域对农民收入增加的效应不全为0，组间方差为0.863，组内方差为0.286，F=2.393，P=0.045，α = 0.05（图10-4）。

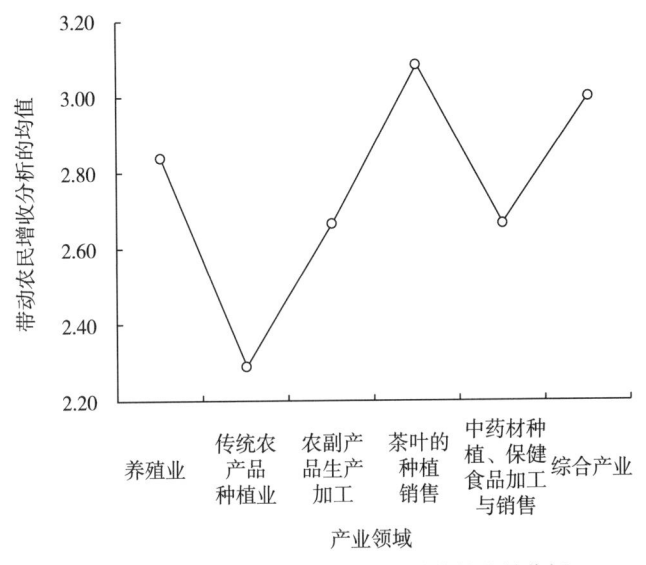

图10-4 不同产业领域带动农民增收的差异分析

图10-4显示，从事传统农产品种植业的龙头企业对农民增收的带动作用是最低的，从事茶叶的种植销售、综合产业和养殖业的龙头企业对农民增收的带动作用较大，其中综合产业中的企业都同时经营茶叶种植、养殖、中药材的种植等非传统农产品的产业。

从中共贵州省委研究室获得的贵州省农民收入状况的相关资料中发现，贵州省农民收入对第一产业中的种植业依赖性很强。

从贵州省2012年农民家庭经营性收入中的产业比重可以看出，第一产业收入为1 116.45元，占全部家庭经营性收入的84.58%，第二产业和第三产业的收入仅为203.61元，占总体家庭经营收入的15.42%，由此可看出，农民增收的内动力来自第一产业。从其内部增收的构成可以看出，种植业收入为789.52元，占第一产业收入的70.72%；畜牧业收入为301.2元，占第一产业收入的26.98%；林业收入为24.94元，占第一产业收入的2.23%；渔业收入为0.79元，占第一产业收入的0.07%（图10-5）。

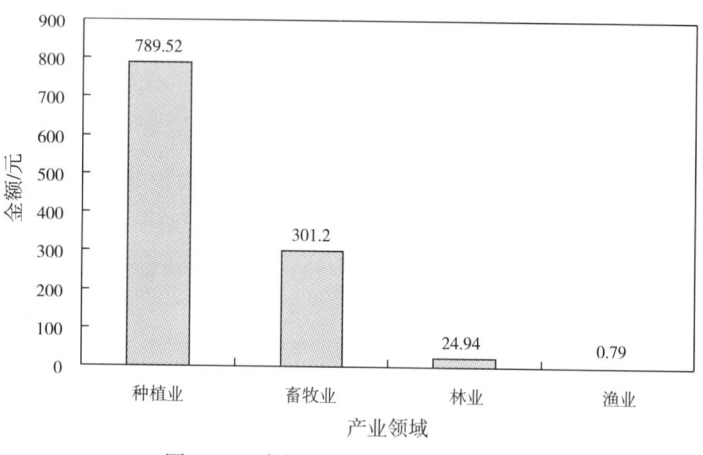

图 10-5 贵州省农民收入的产业分布

图10-5表明，种植业在贵州省农民的收入中占据主要地位，这说明贵州省农民在收入中主要依赖第一产业中的种植业，其次为畜牧业。由于贵州省处于中国西南部，所以原始林业不可开发，整体的林业处于受限制状态，而渔业受山地影响大部分地区无法发展，这间接表明了种植业的重要性。因此，第一产业中增收的重点应当放在种植业和畜牧业上。但仅仅依附有限的土地拓展农民增收的空间是有限的，关键在于解决好农村组员配置，实现劳动力、土地、产业的有机统一。中共贵州省委政策研究室提供的调研资料显示，居民的收入对第一产业，尤其是农产品和经济作物的种植具有极高的依赖性，需要以实现农业产业化发展、以信息化带动工业化、农村城镇化及城乡一体化为主要的发展方向，促进中国农村农业经济结构的战略性调整和发展方式的转变，发展具有地方特色的种植加工产业，大力扶持从事养殖及综合类型的农业龙头企业发展，带动农民增收。

10.2.2 龙头企业对农民增收的带动途径研究

龙头企业对农民收入增加的带动主要是通过以下几种途径来实现的。
（1）基地扩张。
（2）人才引进和培训。
（3）企业对农业产业化面临的总体趋势的认识。
我们针对企业对带动农民收入增长状况同其他因素的相关性做出回归分析，

验证了以上几种带动途径的作用。

在该分析中，我们得出回归方程如下：

带动农民增收=1.880+0.112×取得土地权的容易程度-0.122×农业产业化面临
总体趋势+0.350×人才引进和培训投入+ε　　　　（10-1）

式中，ε表示方程误差项。整个回归模型的判定系数R为0.527，拟合度中等。在整个方程的ANOVA分析中F=8.950，$P<0.001$，从中可看出，其值小于显著性水平0.05，应拒绝回归方程显著性检验的零假设，认为各回归系数不为零，被解释变量同解释变量全体的线性关系是显著的，故线性模型成立。

在式（10-1）各系数的显著性分析中，人才引进和培训投入的$P<0.001$，取得土地权的容易程度的$P=0.03$，农业产业化面临的总体趋势的$P=0.044$，其显著性水平都小于0.05，建立回归模型成立。

在共线性诊断中条件指数分别为1、5.928、7.254、14.031。其中有一项大于10，但彼此间差距不大，多重共线性特征在可接受范围内，所以回归方程成立。

带动农民增收的情况同土地使用权取得容易程度值成正比，即取得难度越大，越会带动农民增收，边际效应为0.112。同取得农业产业化面临的总体趋势成反比，企业对其趋势认识越谨慎，越会带动农民增收，边际效应为-0.122；同人才引进和培训投入成正比，人才引进投资越多，带动农民增收越多，边际效应为0.350。

1. 基地扩张和企业成长对农民增收的影响

带动农民增收的情况同土地使用权取得容易程度值成正比，即取得难度越大越会带动农民增收，边际效应为0.112。取得土地使用权变难的原因主要为政府限制和农民出让土地使用权所得的利益不及自己使用的利益多。目前政府对企业使用地的限制并不多，所以取得土地使用权较难的主要原因是土地的使用权价格过高，在短期内农民出让有限的土地使用权的价格较高，其获利自然会较多。

但在长期中，如果企业为基地扩张付出太多的资金而提高自己的成本并降低了产品的竞争力时，会抑制企业的发展甚至影响整个农业产业的发展。然而贵州省大部分龙头企业处于发展初期，而土地使用权的价格也并未提高至令企业难以承受的程度，因此在相当的一段时间内对贵州省大部分地区而言，该理论是成立的。另外，方程中没有直接反映企业租金的问题，但通过获得土地使用权的难易度变化，一些企业会由购买土地使用权转为租用土地，这样土地租金也会随着企业的发展而提高，从而带动农民增收。

所以农民增收同企业发展利益是相关的，龙头企业的发展及其规模的扩张，必定导致基地规模的扩大，对农民的收入也会产生重要的影响。我们考察的龙头企业发展规模具体如下。

（1）在考察的龙头企业中，44.8%的企业年销售额为300万~1 000万元，21.8%为1 000万~3 000万元，说明贵州省的龙头企业大部分不属于国家型龙头企业，多为地方型龙头企业，还有巨大的发展空间和潜力（表10-3、图10-6和图10-7）。

表10-3　年销售额

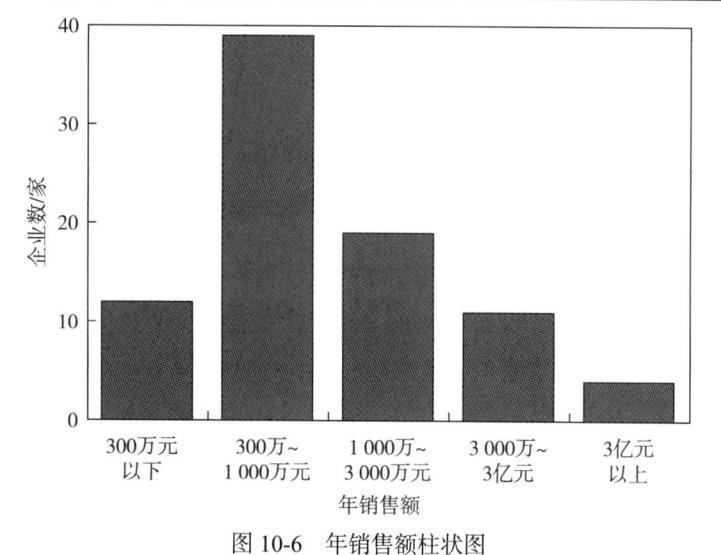

	年销售额	企业数/家	百分比/%	有效百分比/%	累积百分比/%
有效	300万元以下	12	13.8	14.1	14.1
	300万~1 000万元	39	44.8	45.9	60.0
	1 000万~3 000万元	19	21.8	22.4	82.4
	3 000万~3亿元	11	12.6	12.9	95.3
	3亿元以上	4	4.6	4.7	100.0
	合计	85	97.6	100.0	
缺失	系统	2	2.3		
合计		87	100.0		

图 10-6　年销售额柱状图

（2）在基地规模同年销售额的交叉分析中，可以看出基地扩张的主体是年销售额为300万~1 000万元的龙头企业。这些企业的规模较小，随着龙头企业的基地扩张，一定程度上促进了农民土地使用权转让金或土地租金的增长，这样就提高了部分农民的财产性收入（表10-4和图10-8）。

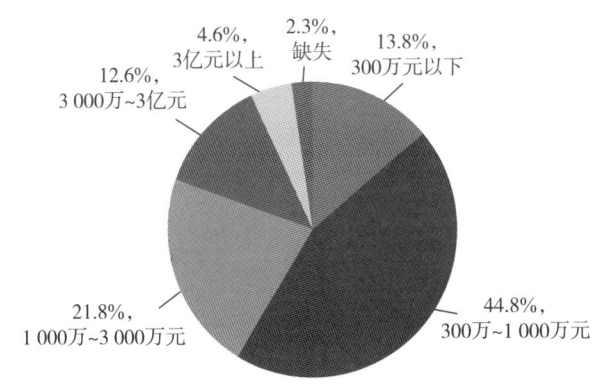

图 10-7 年销售额饼状图

表10-4 年销售额和基地规模交叉制表（单位：家）

年销售额	基地规模				合计
	逐年萎缩	基本稳定	有所扩大	迅速扩大	
300万元以下	1	4	4	2	11
300万~1 000万元	1	6	23	8	38
1 000万~3 000万元	0	2	9	6	17
3 000万~3亿元	0	3	3	2	8
3亿元以上	0	2	2	0	4
合计	2	17	41	18	78

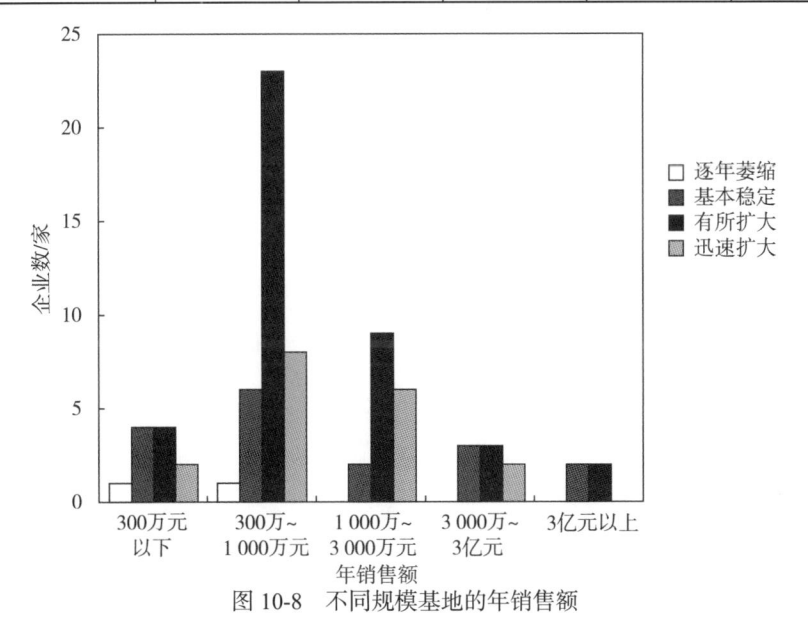

图 10-8 不同规模基地的年销售额

（3）而在租金成本和基地规模的交叉分析中可以看出，大部分扩张基地的企业的租金为每亩400元/年以下和每亩400~700元/年，那么因出租土地而获利的农民获得的收入也主要在700元/年左右（表10-5和图10-9）。

表10-5 租地成本和基地规模交叉制表（单位：家）

租地成本	基地规模				合计
	逐年萎缩	基本稳定	有所扩大	迅速扩大	
每亩400元/年以下	1	5	3	10	19
每亩400~700元/年	0	4	12	1	17
每亩700~1 000元/年	0	1	4	4	9
每亩1 000元/年以上	0	1	2	1	4
合计	1	11	21	16	49

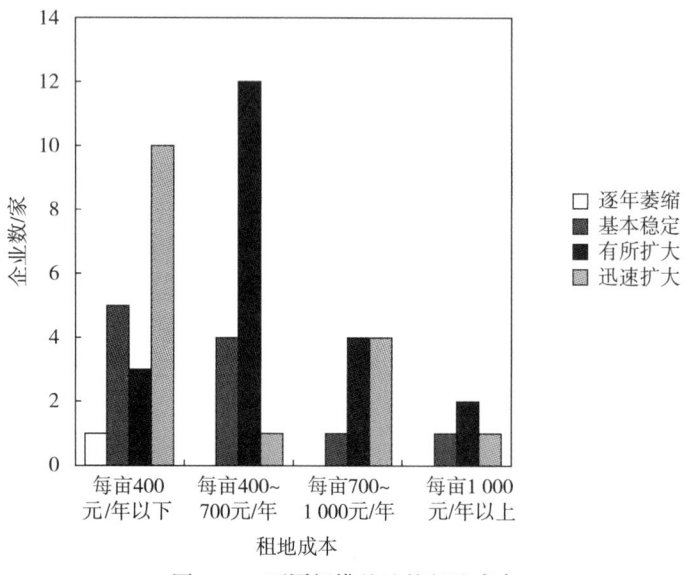

图10-9 不同规模基地的租地成本

2. 人才引进和培训投入

人才方面的投资是带动农民增收的重要影响因素之一。在回归分析中，人才引进和培训投入同带动农民增收成正比。企业在人才方面投入的人力、财力越多，为农民带来的收入也就越多。其原因有如下几点。

（1）人才引进和培训投入有助于企业的发展和竞争力的提高，可间接推动基地规模扩张。调研中发现，在人才方面投入较多的企业，大多都在不同程度地扩张自己的基地规模，企业整体在向良好的方向发展。其中没有人才引进和培训投入的企业，其基地规模难以扩张（表10-6和图10-10）。

表10-6 基地规模与人才引进和培训投入交叉制表（单位：家）

基地规模	人才引进和培训的投入				合计
	没有投入	有少量投入	10万~50万元	50万~100万元	
逐年萎缩	1	0	0	0	1
基本稳定	2	9	4	1	16
有所扩大	1	27	11	2	41
迅速扩大	0	4	14	0	18
合计	4	40	29	3	76

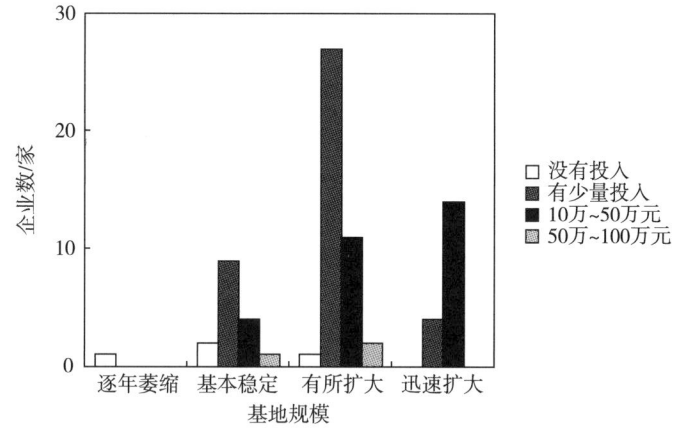

图 10-10 不同基地规模的人才引进和培训投入柱状图

从人才引进和培训投入的方差分析中可以发现，不同投入量的龙头企业对农民收入的带动作用的均值是存在差异的，对农民收入增加的效应不全为0，组间方差为2.802，组内方差为0.411，$F=6.818$，$P<0.001$，$\alpha=0.05$（图10-11）。

从图10-11中可以看出，基地规模在没有人才投入时的扩张效应是最低的，而人才引进和培训投入为10万~50万元的企业基地扩张效果最佳。

（2）人才引进和培训投入较多的企业，具有较强的能力指导农民的种植、养殖技术，有助于农民提高自身养殖、种植技术，从而提高收入。

3. 企业对农业产业化总体趋势的认识

农民增收同企业对农业产业化总体趋势的认识成反比，企业对其发展趋势越谨慎，越会带动农民增收，这体现为短期内企业利益同农民利益存在部分矛盾。在该问题的方差分析中，判定对农业产业化总体趋势持不同态度的企业对农民收入的带动作用的各均值是存在差异的，对农民收入增加的效应不全为0，组间方差为1.172，组内方差为0.276，$F=4.248$，$P=0.008$，$\alpha=0.05$（图10-12）。

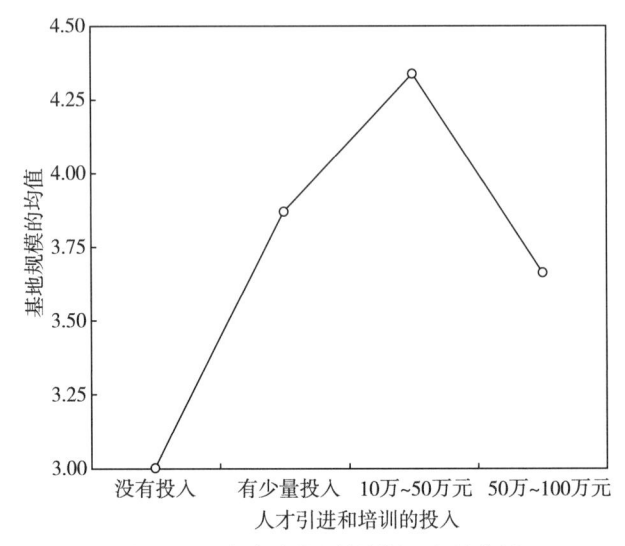

图 10-11　人才引进和培训投入方差分析

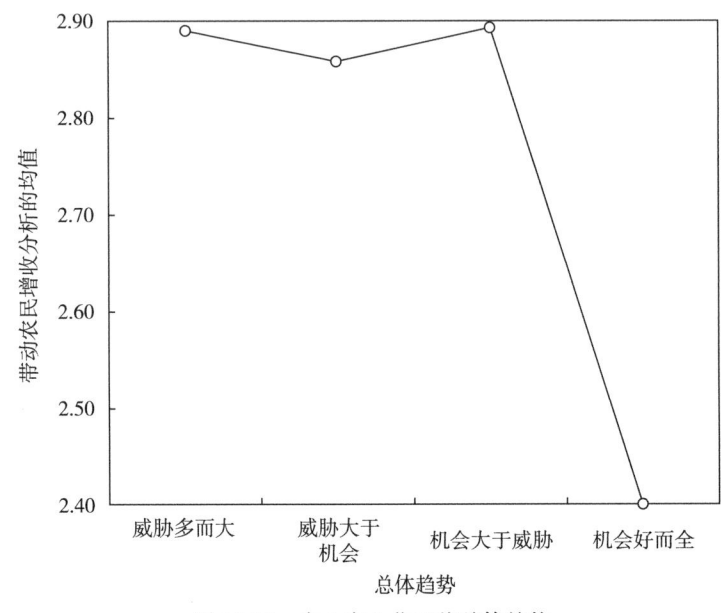

图 10-12　农业产业化面临总体趋势

（1）在长期发展中，企业同农民的利益是一致的，但从短期看则存在矛盾。企业获得土地使用权的价格越高，转让土地的农民的财政收入越高，相应的，也会提高企业的经营成本。

（2）龙头企业带动农民增收，但在产业链中龙头企业扮演收购农民产品、购买农民土地使用权和劳动力的角色。当经济危机出现、产业动荡或发生不可抗力的自然灾害时，由于目前整个农业产业链缺少风险防范机制，会对企业或者农民甚至双方带来巨大的伤害。贵州省在2008年年初遭受重大雪凝灾害后，各地在农业灾后重建中都增加了西红柿种植面积，结果是上市集中、供运量大，贵州省各地曾一度发生滞销现象。以比较效益取胜的现代设施农业，在进入规模扩张阶段后，面临越来越突出的市场风险。若不防止或谨慎处理这类事件，会对整个产业链造成严重打击。

10.2.3 农民增收对农民生产积极性的提高研究

农民增收对其生产的积极性有正向的提高效应，但是否足够促使农民提高其生产行为，还要看农民增收的具体量。当地农民去其他地区劳动获取的整体利益小于农业产业化中龙头企业的带动增长值时，农民对生产的积极性才会获得显著提高（李宾和马九杰，2015）。其中不仅仅包括企业带来的资金数额，还包括农民不外出时带来的家庭需求满足度和机会成本。

我们分析贵州省同其他地区的收入特点，发现贵州省存在明显的城区收入、地区收入不平衡。贵州省城乡居民收入同全国比较，目前仍存在很大的收入差距，且该数额在不断加大，不利于提高农民生产的积极性。

从城乡居民收入与全国比较来讲，贵州省农民人均纯收入与全国平均水平相差10.3%。2007年全国农民人均收入比贵州省农民人均收入高出1 766.01元。贵州省农民人均收入在全国收入中排在第30位，仅为全国农民人均收入水平的57.34%。1978~2007年城乡居民收入比不断增高，除1978年低于全国水平外，其余年份均高于全国水平（图10-13）。

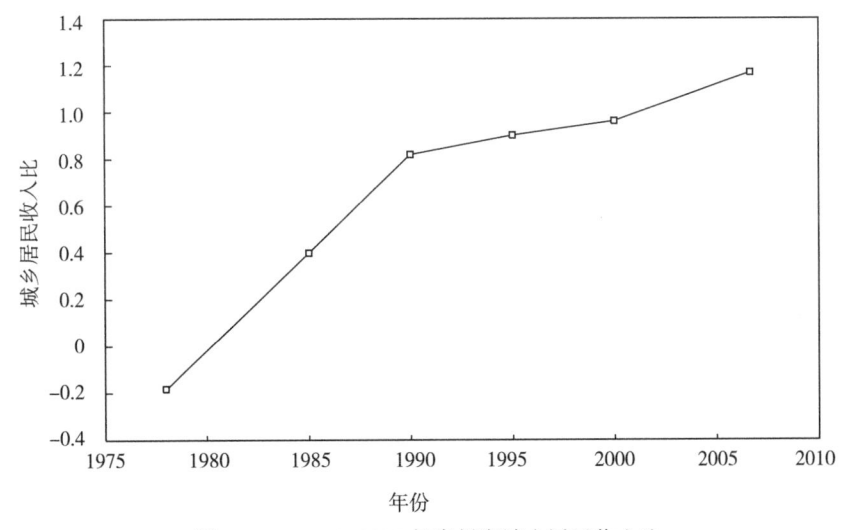

图10-13　1978~2007年贵州省城乡居民收入比

贵州省农民人均收入低于其他地区,且呈现出差距逐渐被拉大的趋势(表10-7和图10-14)。

表10-7　贵州省与其他地区人均收入区域差额（单位：元）

年份	云南	四川	重庆	安徽	吉林	黑龙江	广东	上海
1978	21.3	17.7	16.7	3.7	72.7	62.7	171.7	83.95
2007	260.1	1 173.01	1 135.01	1 182.31	1 626.01	1 758.01	7 848.01	3 250.01

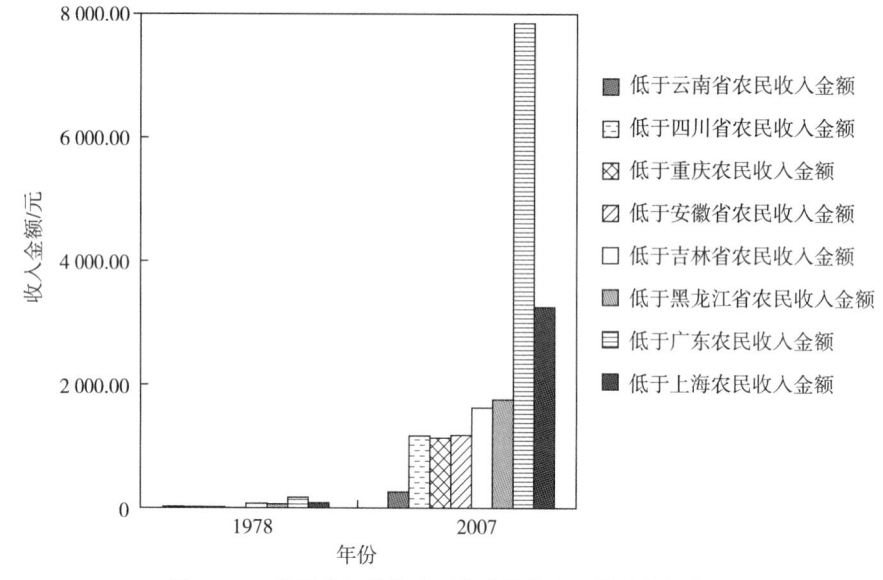

图 10-14　贵州省与其他地区的人均收入区域差额柱状图

因此,农业产业化在促使农民增收后,对农民生产积极性的提高效果要大于农民外出务工的整体收益,这样才能有效地提高其生产积极性,促进整体农业产业链的发展（图10-15）。

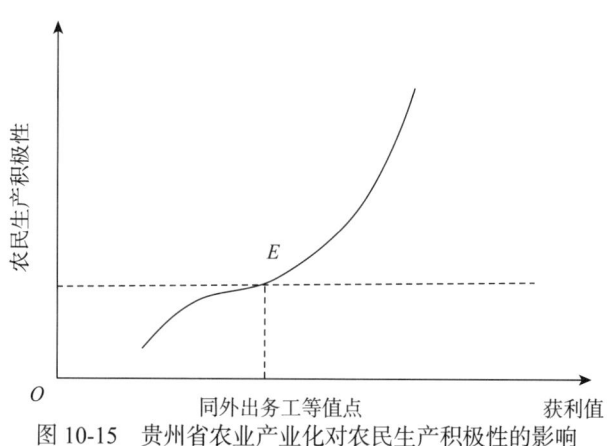

图 10-15　贵州省农业产业化对农民生产积极性的影响

如图10-15所示，当农业产业化为农民带来的总体利益，包括资金获利和其他需求满足的利益大于农民外出务工所得的利益时，农民的生产积极性才会大幅提高。

10.2.4 农民增收对企业发展的帮助——基地规模回归分析

得到实惠的农民会进一步发挥特长，积极加入农业产业化建设。这对龙头企业和整个农业产业化的发展都是具有重要意义。本小节从基地扩张的角度分析农民征收对企业发展的帮助。

农民增收对龙头企业的发展也具有反推动力。我们针对基地规模做出回归分析，得到如下公式：

$$基地规模=0.748+0.312×固定资产资金累积投入情况$$
$$+0.514×产品销售市场状况+0.375×带动农民增收+\varepsilon \quad (10\text{-}2)$$

式中，ε表示方程误差项。整个方程的判定系数R为0.638，拟合度中等。在整个方程的ANOVA分析中F=15.549，P<0.001，其值小于显著性水平0.05，应拒绝回归方程显著性检验的零假设，认为各回归系数不为零，被解释变量同解释变量全体的线性关系是显著的。且固定资产资金累积投入情况的P=0.002，产品销售市场状况的P<0.001，带动农民增收分析的P=0.004，各系数的检验也是显著的，故线性模型成立。

在共线性诊断中条件指数为1、9.604、10.270、19.005，其中有两项大于10，但彼此间差距不大，多重共线性特征在可接受范围内，所以回归方程成立。

式（10-2）说明，企业基地规模的扩张，同固定资产资金累计投入、产品销量市场扩展、带动农民增收成正比。其中带动农民增收的边际系数为0.375。

从带动农民增收同基地规模的交叉分析中可以发现，使农民增收产生较大幅度的增加的企业是基地扩张的主体，这符合该方程的边际系数。因为农民增收对基地规模的边际系数值并不高，在其他因素固定不变时，约提高一个经济单位的农民收入可以直接或间接地为企业基地扩张提供该单位中30%~40%的发展动力（表10-8和图10-16）。

表10-8 带动农民增收分析和基地规模交叉制表（单位：家）

带动农民增收分析	基地规模				合计
	逐年萎缩	基本稳定	有所扩大	迅速扩大	
有一定增加	1	9	7	2	19
有较大幅度增加	0	7	30	13	50
成倍增加	0	0	3	2	5
合计	1	16	40	17	74

图 10-16 农民增收幅度分析

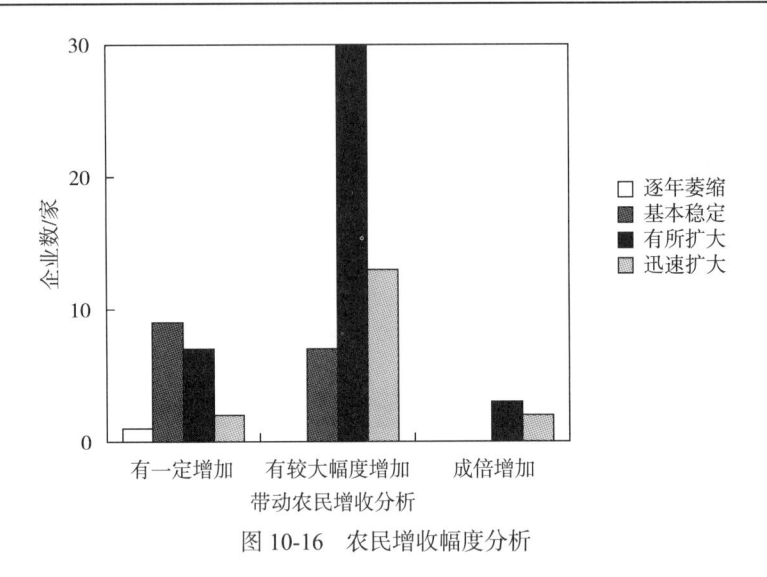

在该问题的方差分析中,我们判定带动农民增收达到不同效果的企业对自身基地规模的扩张作用的均值是存在差异的,对基地规模扩张的效应不全为0,组间方差为2.885,组内方差为0.440,$F=6.561$,$P=0.002$,$\alpha=0.05$(图10-17)。

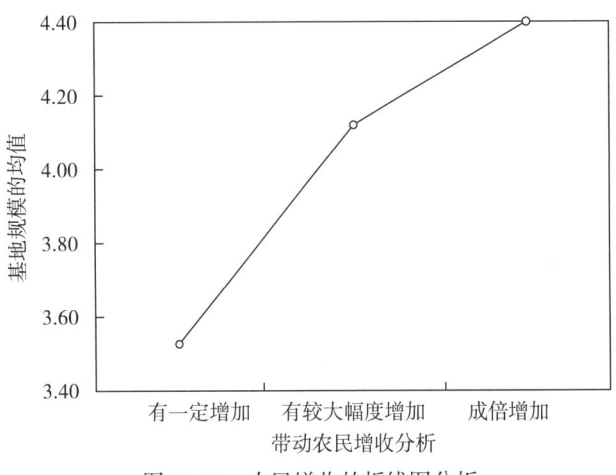

图 10-17 农民增收的折线图分析

这说明带动农民增收同样能给龙头企业带来利益。因为通过带动农民增收可以提高农民的生产积极性,这种情况下农户会乐意同企业合作,以提升种植和养殖技术,且往往同企业签订相对固定的合作合同,从而使企业降低收购原材料的成本,减少货源紧缺的危机,有利于企业发展。

通过以上四个方面的分析,我们可以发现,龙头企业壮大发展、龙头企业带动农户增收、农户生产积极性提高和农户发挥个人优势经营之间存在着重要的互动关系。龙头企业发展壮大后必然扩大基地规模，并投入更多的资金在人才培训等方面，从而有效带动农民增收；当农民增收达到一定程度后，会刺激大部分农民的生产积极性，并把自身的资源投入该农业产业链中，以求获得更多的收入；大量的农民将人力、物力甚至财力投入农业产业链中，为龙头企业提供充足的劳动力、丰富的原材料采集渠道、广阔的基地扩展空间，从而降低生产成本，并进一步推动整个农业产业化的发展。合理地引导这四种因素的变化方向会使整个产业链条呈现良性的发展态势（图10-18）。

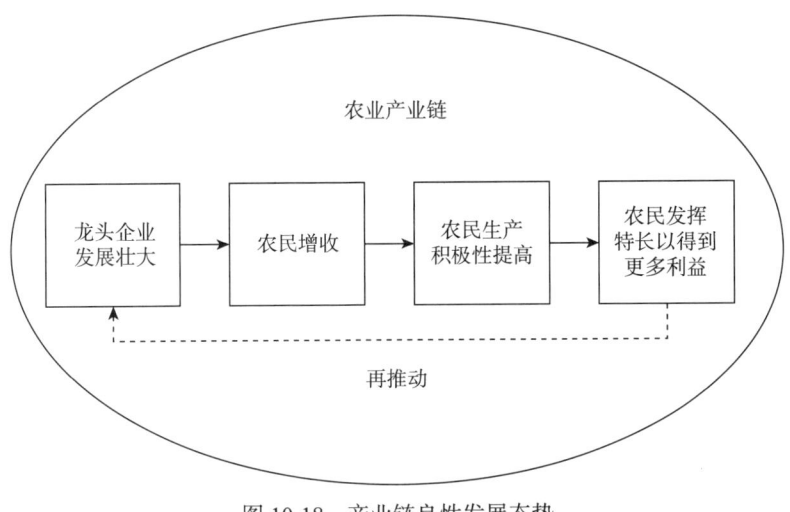

图 10-18　产业链良性发展态势

10.3　当前贵州省农业产业化与农民增收存在的主要问题

（1）过于依赖传统种植业。贵州省农民对第一产业中的传统种植业过于依赖，且缺乏科学规划，大部分地区没有自己的特色农业。农田经济作物、粮食作物的收入仍然是农民增收的主要支柱，由于没有有效地解决农村资源配置，实现土地资源、劳动力资源、技术资源、资金资源的有机统一，在没有科学规划的情况下，第一产业中的种植业对贵州省农民增收的推动力不强。部分地区对特色农业没有给予足够的重视，这些因素阻碍了贵州省带动农民增收的进程。

（2）体制机制上的制约因素尚难突破。目前贵州省在农业产业化发展和农民增收中存在一些体制和机制上的制约问题。突出的表现如下：以土地承包经营权流转管理为基础的农业经营机制创新不足；缺少完善的农村金融体系，现存的金融机构对农业产业化和农民增收的支持不足；农业产业各个环节的风险防范机制并未形成；农业科技网络体系不健全，现有科技成果转化和服务模式不能满足农民日益增长的科技需求；农民组织性不强，在农产品的生产、加工到销售整个产业链中，农民获得的实际利益有限。

另外，贵州省在城乡一体化建设道路上仍需完善，存在整体的经济要素流不通畅、机制残缺等问题。大部分农民对市场信息的了解不及时，无法掌握信息化市场所用工具的使用方法。整个市场的组织化程度不高，在整个产业链中，在农产品的生产到消费者终端市场的过程中，农民获得的利益相对较少，无法有效地提高其加入农业产业链的积极性。

（3）龙头企业对贵州省农民的带动作用有待提高。贵州省龙头企业规模发展不足。在贵州省的农业产业化经营过程中龙头企业数量众多，但大多数都是地市级龙头企业，占总体87%的比重，企业资产总额在4 000万元以上的只有6%。企业员工人数在50人以下的占59%，100人以下的总共占79%。

人才引进和培训力度偏低。在调查企业中52.87%的企业只对其有少量的投入，34.48%的企业对其投入为10万~50万元，只有3.45%的企业人才引进和培训投入为50万~100万元（图10-19）。

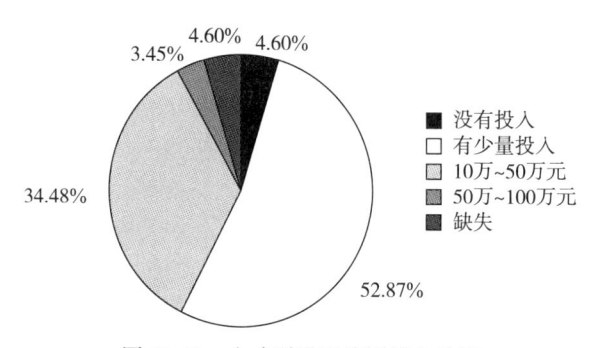

图10-19 人才引进和培训投入分析

企业与农户的利益关系不规范，农户与龙头企业的关系多是简单的买卖关系，农户不可能完全分享到农产品加工增值的好处和流通环节的商业利润，企业与农户签订稳定的购销合同也只是少数，与农户结成紧密联系的经济利益共同体则更少，还存在与农户负盈不负亏的问题，即与农户建成利益均沾的共同体较容易，但建立风险共担的共同体则很难。

（4）缺少农民利益的保护机制和协调机构。公司相对于农户而言，在资金实力、人才聚集、市场垄断能力和产品定价等方面都处于绝对优势地位。而农户家庭经营规模偏小、居住分散、资金技术力量薄弱，这些特点使其必然处于劣势地位。主体地位不对称、信息不对称，造成谈判地位和决策权力不对称，最终导致利益分配不对称。部分龙头企业与农户不能就双方契约进行充分协商，往往是龙头企业的意见起主要作用,农民被动接受,如果合同内容不完善、条款设置不尽合理、分配办法不明确、法律文书不规范,一旦发生纠纷,农民的利益将无法得到法律的保护。

(5)缺少防范风险机制。农村土地制度和农村金融体系制度的缺乏,使农民对自然灾害和不可抗力导致的经济损失缺乏抵御能力(税尚楠,2013)。同时,缺乏对整个产业的宏观调控机制,易导致农民生产农产品产量增多、收入却减少的现象,从而打击了农民对农业产业化产业链的积极态度。

10.4 进一步发展农业产业化,推动农民增收的政策建议

(1)打造企业供应链生态圈,坚持发展茶、中药、绿色食品等产业。继续完善和推广公司+合作社+农户模式,发展独具特色的农业产业化经营模式,并注重对生态环境的保护。高度重视生态环境的保护和建设,处理好发展速度、资源开发力度和环境承受能力之间的关系,大力发展生态农业,走可持续发展之路,实现经济与资源、人口、环境的协调发展。

贵州省农民收入主要依赖种植业和养殖业,应当在种植业中着重发展绿色产品、茶叶、中草药等经济农作物,在养殖业中发展特色养殖业,大力发展适销对路的新、优、特的农产品。

(2)龙头企业需加大人才引进和培训投入。龙头企业要积极引进人才,加大培训投资。推动自身对新品种、新技术、新工艺的研发,尤其要加强农产品的深加工、贮存保鲜、包装等技术研究和消化,提高农产品质量和附加值。加大对现有员工的培训,从而提高从业人员的科技文化素质,通过技术培训,提高农业劳动生产率,为发展农业产业化输送农业技术人才和经营人才。

(3)加快土地流转的制度和法规的建设。加快土地流转的制度和法规建设,有助于企业基地扩张,并有效协调企业和农民在土地流转中的矛盾,防止对企业生产造成意外损失,并减小对农民生产积极性的伤害。所以应注重土地流转市场的建设,并高度注视农民的土地流转自主权,保护农民的利益,同时还需要有效防止土地流转中的腐败行为。

针对土地流转的方式,建议通过多种方式,如转包、出租、互换、政府调节等,促进土地流转的进行,最终使企业能有效利用土地,从而促进农业产业化的发展。

土地流转中应尽快完善相应的法规建设,在公平、公正的基础上维护各方的利益。避免强买强卖等行为,加大土地流转相应法规在农民群体中的宣传和普及

力度。建立相应的仲裁和中间机构，从市场化的角度推动其发展。

（4）树立农民对农产品的经营意识，充分发挥其特长。当前缺乏农产品经营意识是阻碍中国农业发展的主要因素之一，现阶段中国农产品的产量不断增加，但是农民却未能从产量增加中获得实际的利益，究其原因，主要是农民大多缺乏经营意识和农产品的营销观念。一直以来，对农民都只关注对生产技能的培训，却忽略了对其进行产品经营、营销和管理方面知识的培训，这是对农民教育的一大疏忽。在以往的教育中，主要通过送科技下乡、开办培训班，以及培养农业专业技术人才等方式对农民进行专业知识的培训，但是却从未关注过对农民进行相关的经营知识和营销观念的普及。

培养农民的经营管理意识，提升农民的经营能力，并间接提高其在农业产业化发展进程中对当地龙头企业发展的推动作用。拥有现代经营意识的农民可以更快更准确地认识到自身的优劣势，在市场环境中理性地处理问题，不但对企业的发展有帮助，还能提高企业对其收入增长的带动效果。

农业产业化龙头企业对农民增收有明显的带动作用，同时随着农民收入的增长，对农业产业化的认识、生产积极性和土地流转的看法都会有一定的提高和转变。带动农民增收，应在政府、金融机构的支持下坚持可持续发展的道路，不断创新和完善相应的规范和法律机制，这样才能更快、更有效地发展贵州省的农业经济。

第11章　农业产业化经营的基本措施和对策建议

11.1 当前中国农业产业化龙头企业政策需求与政府政策落实情况分析

在此次调查中，我们通过对企业的实地考察，以及和各地地方政府、金融机构及相关部门，就当前农业产业化龙头企业所关心的问题和相关的政策需求进行深入的探讨，通过座谈所获得的相关资料和笔录及对问卷开放性问题进行总结归纳，发现贵州省当前农业产业化龙头企业的政策需求与当前中国及贵州省政府所推行的政策之间存在一定的脱节，各地的区域条件及特殊的制约因素等导致国家及省政府政策落实比较困难，主要表现在以下几个方面。

（1）在企业融资方面。当前企业融资困难，因此企业普遍有获得相关资金支持的需求。主要表现如下：一是国家应加大对企业的信贷扶持力度，农业产业化经营要得到银行的金融支持，顺畅融资渠道，给予适当的财政支持；二是政府的产业化资金要直接补贴到企业中去，加强对资金审批部门的监管，降低企业在申请资金过程中的成本；三是金融机构应加大对龙头企业贷款力度，适当降低要求，财政加大贷款贴息力度。

然而，政府对农业产业化经营的投入及相关政策力度确实比较大。中共十七届三中全会通过的《中共中央关于推进农村改革发展若干重大问题的决定》明确指出：进一步增加农业农村投入，较大幅度增加农业补贴，增强农村金融服务能力。加大中央财政对中西部欠发达地区的补贴力度，加快建立我国农业再保险体系和财政支持的巨灾风险分散机制，鼓励在农村发展互助合作保险和商业保险业务。此外，贵州省在政策落实方面也做了相关的规定，制定了一系列的政策法规以确保政策的落实。但在实际调查和企业实际操作过程中却存在脱节现象，通过调查分析发现，造成脱节的原因主要有以下几个方面。

第一，思想观念落后。这主要表现在以下两个方面：一是政府的服务意识太差，各地对农业产业化应该都比较重视，但在实际支持上却稍显不足。如图11-1所示，农业、经贸、商务等职能部门是企业最希望改善的政府部门。在此次访谈中，企业也反映这个问题，希望政府相关职能部门能改进服务态度和缩减相关的政策流程，为企业做好相关的服务工作。二是企业思想观念落后。企业一碰到困难就向政府反映，还停留在"等、靠、要"的思维定势上。一心寄希望于政府解决，相关的努力较少，导致企业自身发展缓慢，进而影响农业产业化进程。

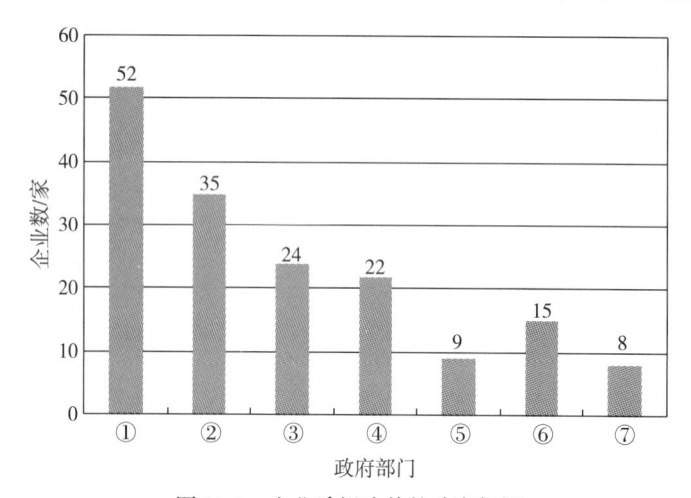

图 11-1　企业希望改善的政府部门
①表示农业、经贸、商务等职能部门；②表示技术监督和质检部门；
③表示工商行政部门；④表示税务部门；⑤表示劳动人事部门；
⑥表示环保部门；⑦表示其他部门

第二，社会投资的积极性不高。社会资金流入哪个行业取决于行业利润和风险。农业作为基础产业部门，其投资具有建设周期长、规模大、风险高、比较效益差等特点，对社会资金缺乏吸引力，从而造成农业的融资困难。

第三，地方政府投资的积极性不高。在我们的调查中，对那些免税或享有特殊政策而导致政府税收方面的企业，政府投资的积极性明显受挫。此外，各地方政府由于自身财力有限，尤其是对贵州省经济欠发达的地区而言表现得更为明显，对农业的投入不足，制约了农业的发展，从而限制了其他投资主体对农业的投入。

第四，农户投资的积极性不高。企业给予农户资金支持发展农业以支持企业自身发展，如原材料保证、基地建设等，农户都愿意接受（尹芝英，2014）。但要农户自行投资或入股投资，在调查中这部分比例相对较低。一方面农业投资本身就存在风险，投资周期长，收益得不到有力保证；另一方面农民相对保守的思想观念也使其不敢大力度投入，宁愿守住现实的稳定收入也不愿冒一定风险。

第五，金融机构贷款困难。金融机构作为自负盈亏的市场经济主体，在经营过程中非常注重资金的安全性、流动性，一般都把安全性大、风险性小、营利性高的项目作为贷款的首先兑现对象。然而在调查中，企业普遍存在资金周转问题，资产负债率偏高，能用于贷款抵押的财产基本上已经用完，企业再无相关抵押保证，银行自然不能提供进一步的贷款帮助。

（2）在政府支持和政策服务方面。中共十七届三中全会通过的《中共中央 国务院关于2009年促进农业稳定发展农民持续增收的若干意见》明确指出，扶持农民专业合作社和龙头企业发展。中央和地方财政部门加大对农业产业化发展方面的资金投入，大力扶持对农业产业化发展具有带动作用的龙头企业的发展，鼓励其进行科学技术研究、建立生产基地。鼓励和支持龙头企业相关部门以及政府财政的支持下建立企业担保体系，扩大企业的资金来源，切实解决企业贷款难的问题。贵州省2009年政府工作报告指出，大力推进产业结构调整，做大做强特色优势产业，把推动科技进步、技术创新与产业结构优化升级紧密结合起来，大力推进区域科技创新等体系建设，促进贵州省农业产业化发展。

（3）在土地流转和基地建设方面。在本次调查中，11%的企业有扩大基地的需求，然而面对贵州省土地流转困难的现实，尽管企业寻求了政府的帮助，但效果还是不尽如人意。面对贵州省农村土地流转发展存在土地流转规模小、周期短、集中程度不高、程序不规范、服务机构不健全等问题，企业要扩大生产基地困难重重。

中共十七届三中全会通过的《中共中央关于推进农村改革发展若干重大问题的决定》明确指出，建立健全土地承包经营权流转市场。坚持依法自愿有偿原则，尊重农民的土地流转主体地位，任何组织和个人不得强迫流转，也不能妨碍自主流转。建立健全的管理制度、提高服务水平，对土地经营权的流转方式进行规范。培育专门的服务机构，发挥中介作用，为供求双方进行信息交换、提供法律法规方面的咨询、对土地价格进行评估、起草合同、解决土地流转过程中出现的纠纷问题等服务，为土地供求双方降低成本。建立稳定农村土地承包关系。对相关的法律法规进行修订和完善，赋予农民更加充分而有保障的土地承包经营权，现阶段，中国仍然实行家庭联产承包责任制的土地制度。加强对土地承包经营权的保护机制，做好集体土地所有权的确认、登记及颁证工作，将所有权进行归属到能够行使所有权的组织；逐渐开展土地承包经营权的登记，把关于土地承包经营权的相关工作落实到户，逐步调整土地承包关系，限制和减少非法回收农民土地的问题。逐步落实家庭承包经营制度。

中央和省政府对如何促进贵州省农业产业化经营发展制定了相应的政策措施，并采取了有效的措施进行监督执行。然而由于地方政府各地情况不一样，所以在政策的执行落实上存在一定差异，企业对如何促进贵州省农业产业化的发展也出谋划策，提出相应的建议和意见。应该说企业的政策需求与中央政府和省政府的政策落实方面还存在一定差距，因此应认清形势，找出差距，并采取相应措施促进贵州省农业产业化经营又好又快发展。

11.2 贵州省农业产业化经营的基本措施及对策

11.2.1 发达国家农业产业化发展模式分析

从20世纪中叶开始，北美和欧洲的一些发达国家和地区的农业产业化经营进入迅速发展时期。美国、欧洲的许多发达国家逐步开始实行农业产业发展（也称为农业一体化发展，二者之间存在一定差异），通过实行农业产业化，西方发达国家的农业取得了世界农业发展史上从未取得过的成绩。对西方发达国家农业产业化发展方面的经验进行研究总结，对推动中国农业发展具有十分积极的意义。

1. 美国的农业经营

美国的农业经营（李清华，2015）主体以家庭为主要单位，家庭农场约占美国农场总数的90%，美国家庭农场具有集约化、工业化、商业化的特征。随着农业生产力的不断发展，农场规模不断扩大，以家庭为单位的农场无法依靠自身的力量完成农产品交易过程中的所有工作。并且，随着经济的不断发展，出现了运输、仓储、农产品贸易公司等一大批为农业服务的组织和公司，企业把向农户提供生产物资、技术支持和对农产品的采购、加工和销售连成一个有机整体，实现了农业领域的一体化发展，形成一体化的农业"食品-纤维"体系。

美国农业的组织运营模式主要有以下三种。

（1）公司+家庭农场。在这种运营模式中，公司的存在主要是为家庭农场提供服务。其中，生产农机、化肥、农药等农业生产物资企业为家庭农场提供产前服务，而运输企业、仓储企业和食品加工及贸易公司则为家庭农场提供产后服务，实现农产品向终端消费者的转移。农业企业和农户之间主要通过合同建立相互间的联系。这种经营模式主要适用于畜牧、果蔬等不易储存、容易变质或者需要及时进行加工的农产品。在美国有近40%的农场采用这种经营模式，在鲜奶及肉类生产企业中这种模式的比例超过95%，有近60%的蔬菜加工企业与农户之间通过协议进行采购，果品中也有近三分之一的农场与企业定有契约。

（2）农工商综合企业。在这种运营模式中，农产品加工企业通过建立自己的农产品生产基地，农产品的生产、加工及最终产品的销售全部由企业自己完成。

但是美国的相关反垄断法的实行使这种经营模式受到限制。由一家企业完成从农产品生产加工到销售的所有过程是这一生产经营模式最主要的特点。

（3）家庭农场合作社。为保护美国中小农场主的利益，美国的反托拉斯法对家庭农场主合作社进行保护。在这种生产经营模式中，家庭农场合作社是连接家庭农场主和产品需求之间的桥梁。每一家合作社相当于一家企业，家庭农场同合作社之间通过购销合同建立联系。一订三年，实现农产品的标准化生产，家庭农场从其所获纯利润中抽出部分资金来维持合作社的正常运行，以相应农产品前四年的均价作为定价标准，每年留取占纯利润一定比例的资金作为生产基金，其余按量分红。在美国，存在大量的农业合作组织为农业生产提供服务，对美国农业经济的发展具有不可替代的作用。这些为农业发展服务的农业合作组织，具有一定的制度形式和职能。这些合作组织大多是由美国的家庭农场自发组织起来的非营利性的组织，经营目标并不是实现组织利润的最大化，而是通过联合及分工，为农场主提供农业生产中所需的技术、信息等方面的服务，是组织中的成员通过合作经营实现收益最大化。根据其职能的不同，美国的合作社可以分为销售合作组织、采购合作组织和产销一体化合作组织。尽管合作社具有多种优势，但是美国很多家庭农场主都不选择将合作社作为中介，而是直接进入市场进行农产品交易。在美国，大型的农业公司是农业市场的主体，它们具有较强的实力和资源。其中，农产中使用的物资约有80%是由这些农业公司供应的，同时，有超过65%的农产品的加工和销售是由这些大型农业公司进行的。尽管如此，美国农业合作社在美国农业经济发展的过程中仍然发挥着十分重要的作用。

2. 法国的农业经营

法国是欧盟中农业最发达的国家之一，也是当今世界的农产品出口大国。法国不仅成功地实现了农业的产业化经营，并且在农业科学技术的应用与普及等方面也具有大量的实践经验。法国农业经营（王颖，2015）的组织运营模式主要有以下三种。

1）互相控股公司

互相控股公司又称为内容丰富的联合体，是由工业企业、金融企业及农业企业之间相互投资、互相拥有股权的一种经营形式。这种经营模式中的参与主体互相持有股份，是建立在主导企业的范围内和对财产所有权镜像同一的基础上的一体化发展模式。联合体中的每个成员都有自己明确的分工，各成员之间通过相互之间的合作，来实现整个联合体的经济效益。法国国有矿化公司所组织的联合体就是这种模式的典型代表，它的成员包括工矿企业、金融机构、物流企业、服务公司等超过50家企业以及超过400个农业合作社。其经营内容涵盖了农产品生产、加工、采购、运输及销售出口，以及矿山、化肥、农药、机器制造和科研服务等。

此外，该公司在法国以外的国家（如加拿大等）设立了分公司，进行相关产品的进出口贸易活动。法国这种互相控股公司主要具有以下几种特征：一是其是不同行业和不同地区的相互渗透和融合的联合经营主体；二是能够更好地积累资本和技术；三是能够使企业的生产经营活动更加高效合理，形成农业生产规模化，有助于提升企业的整体竞争力。

2）垂直的合同型企业

垂直的合同型企业是工商业企业通过与其他企业订立契约关系，把处于农民和为农产品生产和销售服务的组织联合起来形成的综合体。这种经营模式在法国的农业企业中是主要的经营模式。在法国进行农产品专业化生产的企业大部分都同工商业企业之间通过契约建立合作关系或者成为企业股东。同工商业订立契约的农场，都必须采取专业化的生产模式，保证按照合同规定及时交付数量和质量都有保障的产品；同时，工商业企业也需要根据契约规定为农场生产提供必要的生产资料及资金等方面的支持。这种经营模式促进了农业科技在农业生产中的使用，对农业生产的生产率的提高有极大的推动作用。这种垂直的合同型经营模式具有以下两个主要特征：首先，与农业发展相关的企业之间以经济合同的订立为桥梁，通过专业化的分工实现企业间的规模经营，获得规模经济效益。其次，强调建立专业化的生产经营，提高劳动生产效率，保障产品质量，以及各参与主体的利益。

3）横向一体化的合作社

这种经营模式是指在农产品生产、加工及销售的过程中，处于农业生产的同一层级上的农场或企业之间采取合作的方式，通过同一层级上的专业化运作和资本集中来提升各个参与主体的竞争力，进而获取较大的经济效益。根据合作社所处位置的不同，可以将合作社划分为农产品购销合作社、生产加工合作社、制造生产资料合作社等。法国这种横向一体化的合作社所具有的基本特点如下：一是重视生产经营环节中的专业化联合，以形成新的生产力；二是注重技术和资金的相对集中，以提高市场竞争能力。

3. 日本的农业产业化经营

日本是一个土地资源十分缺乏的国家，人多地少，面临与中国在农业生产中相似的问题。农户的平均耕地面积为1公顷。日本根据气候、土壤及农作物生产特性之间的不同，把农产品生产区域划分为九个不同的产区。每个产区都有属于本产区的主导产业，且每个产区所生产的农产品之间存在差异，为满足需求，各产区之间进行贸易沟通，极大地促进了农产品的商品化。在第二次世界大战以后，随着日本第二产业、第三产业的发展，农业在日本国民经济中所占的比例越来越低，但是日本仍然把现代农业的发展放在十分重要的战略位置上。日本的农业服务组织非常发达,农业生产的不同阶段都有专业的服务组织为其提供发展所需的服务,包括生产合作组织,农、工、商联合组织,以及农业协同组织等不同组织形式。

日本的农工商结合组织形式有以下几类。

(1)以契约为基础的农工商之间结合。这种经营模式主要存在于中小企业和农户之间。许多的中小企业通过同农户之间订立购销合同,根据合同进行农产品之间的买卖,为其生产加工提供稳定的原材料来源。

(2)垂直经营的农工商结合。20世纪60年代以后,日本许多大型垄断公司,通过设立农业股份公司进行农业生产经营,并依靠自己雄厚的资金实力,建立属于企业自己的大、中型农场或畜牧场。

(3)经营联合体的农工商结合(农户联合经营)。这种经营模式是建立相关的农业协会。从中央到各级地方,都设立农业协会。农业协会的活动涵盖了农业生产的产前、产中及产后的各个环节,对日本农业的发展发挥着重要作用。农业协会根据其所服务的农产种类不同,存在不同的组织形式:加工企业+农业协会+农户的组织形式,主要应用于畜产品、糖、蚕茧行业;超过80%的果蔬行业采取批发市场+农协+农民的组织形式;而牛奶、畜禽养殖业中则普遍采用由农业协会创立的垂直一体化的组织形式。农业协同组织是一种独具日本特色的官民一体的农业合作形式,其涉及农业生产的方方面面,涵盖农产品生产、农业信贷服务、生产资料供应、保险及农民的医疗等生活方面,是一个不一而足的大网络,使农业生产、加工和销售组织之间构成了一个一体化的联合体,在日本,几乎所有的农民都参加农业协同组织。日本农业协同组织的业务范围包括为农户采购生产所需资料及生活用品、进行农产品的采购和销售,为农户提供仓储、运输及资金信贷等多方面的服务。日本农业协同组织在日本农业的发展中发挥着重要的作用。

在所有的发达国家中,只有日本的农业协同组织在农业经营中建立了农户与市场之间的稳固而密切的联系,相比较而言,日本的农业企业在农业生产中所发挥的作用并不十分明显。在日本,涉及农业生产的大多数服务是由农业协同组织提供的。对发达国家的农业发展历史研究结果表明,当前发达国家已经实现了由传统农业到现代化农业的转变,社会分工也已经进入较高层次,专业化分工也使社会生产率达到较高水平。但是不同国家在自然资源、历史发展及文化等方面的不同,使各个国家之间的农业产业化发展道路也呈现出不同的发展特点,出现不同的组织方式。但是对农业产业化发展取得突出成就的国家的经验进行分析总结,对中国实现农业产业化发展以及更好地发挥农业龙头企业对农业发展的推动作用具有十分重要的实践意义。

11.2.2 发达国家的农业产业化政策经验借鉴

（1）发挥资源优势，实行农业生产区域化、专业化。积极培育主导产业，大力扶持农业龙头企业，在市场经济条件下，农业产业化经营坚持"一村一品、一乡一品"，合理配置资源，大力扶持龙头企业，根据本地区域优势发展主导产业。例如，万山特区大力发展生态畜牧业及枣子产业；松桃苗族自治县则主要围绕"茶业、烤烟"等产业发展；等等。切实搞好产业布局，科学确定区域发展重点，形成优势突出、特色鲜明、互补互促的茶叶之乡、优质米之乡、生态畜牧业之乡、中草药之乡等优势特色产业带。

（2）推进土地流转，实现农场规模化经营。第二次世界大战以后，美国和法国等发达国家的农业生产经营主要以规模较小的土地经营为主，无法采用机械化的生产。随着经济的发展，对农业机械化和专业化方面的要求不断提高，为了能够更好地满足经济发展对农产品的需求，西方发达国家制定了许多相关政策来推进土地的集中化经营和专业化的生产。例如，法国主要通过采取以下几方面的措施来鼓励农业的集中户和专业化发展：①制定相关的优惠政策，鼓励有实力的大型农场或农业加工企业和工商企业对小农场进行并购；②通过降低土地租金以及提供土地合并补贴等政策，鼓励农场扩大生产规模；③实行退休金制度。通过采取一系列有利于农业产业化发展的政策，法国的农场数量从1966年的231万个降到1990年的92万个，而农场的平均经营规模增长了1.33倍。美国和德国也同样通过制定相关的政策对本国的农业发展进行引导，使本国农场的生产规模不断扩大。第二次世界大战以后到20世纪70年代，美国的农场个数减少到第二次世界大战前的三分之一，而平均经营规模却比原来翻了一番。上述发达国家在农业产业经营方面的许多实践经验，对中国实现土地流转和农业产业化经营具有很好的启发作用。中国可以通过打破原有土地制度的束缚，推行家庭联营制度，来扩大经营规模；也可以通过建立健全的土地流转制度及流转方式，突破地域限制，允许土地所有者进行土地使用权的有偿转让、出租、入股等，更加合理地利用中国有限的土地资源，促进中国农业规模化的经营。

（3）在社会化服务方面，西方发达国家各种类型的合作社组织以及日本和韩国的农业协同组织等都给中国如何为农业发展提供更好的服务提供重要的经验。例如，可以将美国农场主合作社的经验同新中国成立初期成立农村合作社的经验教训进行总结，建立符合我国国情的合作社模式，为农业生产的各个环节提供服务；也可以借鉴芬兰的瓦利粤公司（瓦利粤公司为乳制品加工企业），将国内已经建立起来的某一农产品品类的合作通过一定的形式（瓦利粤公司采取的是股份制模式）进行整合，在具有该产品优势的产区设立加工厂，对加工厂生产的最终产品进行统一的调配，完成该产品在国内外市场上的销售。相关统计结果表明，该企业的乳制品加工量占芬兰乳制品加工量的77%。也可以学习日本农业协同组织为日本农业发展提供服务的经验，通过政府引导建立起区域化的农业协同组织，为该地区的农户提供生产技术指导、资金支持，以及产品推广等方面的服务。鼓励农户自主、自愿地筹集资金建立和参加农业协同组织，政府也可以为农业协同组织的发展提供一定的资金支持，制定相关的政策法规来保障农户参与和退出的自由。农户对农业协同组织进行自我管理，农业协同组织的目的不是获得利润，而是通过向农户提供服务，促进农业的产业化发展，从而维持农业协同组织的正常运转，在向农户提供服务的同时收取一定的（少量）费用，农业协同组织的主要任务是促进农业发展和增加农村社会福利，具体包括资金存贷、购买生产资料、进行农产品加工和销售、提供仓储和运输服务、为农户提供农业科技文化教育等。据统计，在韩国和日本，超过90%的农户是农业协同组织的会员。西方的发达国家以及韩国和日本等通过建立农业合作社组织、农协和农会等为农业发展提供产前、产中及产后服务，极大地推动了农业的发展，学习和借鉴其实践经验，对促进中国农业产业化的发展具有重要意义。

（4）农工商一体化方面（宋瑛，2014）。在美国的农业发展过程中，企业通过与农户签订契约或使其持有企业股份的方式来实现农业领域的"产供销"或"产加销"一体化经营模式，使农产品的生产者——农户，真正地参与农业产业化发展；欧洲国家和地区（如法国）则通过建立企业间的合同关系与所有权关系，把农业发展的各个环节（生产物资供应、农产品加工和销售）结合起来为农业发展服务，以及通过具有实力的工商业企业或投资机构投入资金建立农工商联合体、合作社等一体化的经营模式，促进农产品生产环节与其上游和下游之间的联系。这些经验对中国更好地处理农户同企业之间的关系具有很大的启迪作用。例如，在美国的供产销结合的一体化经营模式中，农户和农产品加工企业之间通过签订合同对产品的种类、数量、质量等各方面的要求进行规定，同时明确供需双方享有的权利和应承担的义务，从而降低农户的风险，促进农户融入农业产业发展的轨道中；也可以借鉴法国国有矿化公司，通过对不同类型的企业（如工矿企业、仓储业、运输公司、农业合作社及投资公司等）进行整合，建立农业发展综合体，将农产品的生产、加工、仓储、运输及产品销售等各个环节连接起来，形成一个有机整体。现在，该公司已经发展成跨国公司，在美国、加拿大和比利时等都设有分公司，对法国农产品的进出口贸易具有积极的影响；赛贝科农业合作社是荷兰当前最大的农业合作社，最初是由农民自发组成的，现在已经发展成年销售额超过50亿元的跨国企业，拥有约100家子公司，在荷兰超过50%的农户都是该合作社的成员。赛贝科合作社中的企业被划分为三个层次，不同层级的企业具有不同的职能，其中，下层的70多家企业的主要任务是为农产品的生产提供产前、产中及产后服务，第二层及以上主要负责产品的销售、科研技术开发及对整个综合体的发展进行整体规划。赛贝科获得成功的原因可以总结为以下几点：一是实现工农联盟和产供销的一体化发展；二是注重农产品附加价值的提高；三是重视农产品供产销各个环节之间的协调，不仅能发挥各方的专业优势，也能增加协同效应。

（5）建立农科教之间的紧密联系，科技是第一生产力，西方发达国家农业产业化的发展不仅是因为其具有高效的组织形式和运营模式，而且还得益于先进科技在农业的广泛应用及科技成果的转化能力。例如，荷兰和丹麦就是通过实现农科教之间结合而使农业获得快速发展的典型代表。第一，实行"统一领导、六方参与、交叉任职、定期交流"的体制机制，由政府相关部门进行统一领导；负责农业发展的相关主管部门进行引导，组织科研、教育、推广、加工企业及农户等六方的代表进行商议，参与农业科技教育和先进农业技术推广方面的规划和决策的制定；各方面的负责人及工作人员可以通过交换岗位、交叉任职的方式对各个方面的情况进行深入的了解；通过举行定期的经验交流活动进行沟通，减少沟通方面阻碍农业生产的因素。第二，重视对农村青少年专业技能的培训。通过组织不同类型、不同期限的专业技术培训，设立提供农业技术推广和产业信息咨询方面服务的组织，帮助农民解决在生产经营中遇到的问题；实行"绿色证书"制度，必须通过学习和培训取得"绿色证书"，才能有购买、经营农场的权利和享受优惠贷款。

（6）建立健全的社会化服务体系。完善的市场流通体系以及健全的社会服务体系是实现农业产业化发展的重要保证（付学坤，2005）。各地要以实现农业产业化为目标，充分发挥本地区优势，以当地的主导产业和农业龙头企业为中心，建立能够促进主导产业和龙头企业发展的周边服务组织，包括科研机构、信息服务企业及为农产品提供生产资料的组织等。此外，各地区要根据本地区的特点和农产品特点，加强仓储、冷链物流及现代信息基础设施等方面的建设，利用大数据技术实现产业融合，把农业产业化发展同信息化发展相结合，大力发展农村电子商务，推进网上交易，适度发展农产品期货市场。

11.2.3 促进贵州省农业产业化经营的基本措施及对策

通过调查企业对当前政策需求情况，借鉴国内外先进的农业产业化经营管理经验，结合当前中国及贵州省政策实施和落实情况，我们对发展贵州省农业产业化经营提出以下相关建议和意见，以便更好地促进贵州省农业产业化经营又好又快发展。

（1）加大扶持龙头企业力度，推进龙头企业集群化发展。一是针对不同类型的企业，具体情况具体分析，从而做出决策，如对那些经营情况良好、管理较为完善但缺乏资金和土地等相关支持的企业可以加大扶持力度。二是以市场为导向，以农业标准化生产基地规模建设为基础，以培育壮大龙头企业为突破口，以开发特色产品为重点，实现带动农民增收，努力提高农产品质量和市场竞争力（黄蕾，2006）。确保农业产业化经营稳步发展，促使农业整体素质和效益显著提高。扶持龙头企业健康快速发展，是政府扶持农业产业化经营的一项重要内容。农业龙头企业的发展对农户积极投入生产，增加农户收入具有积极的带动作用。故农业龙头企业的兴衰同该龙头企业所在地区的农户的生产和收入存在密切的联系。因此，对农业龙头企业的扶持就是对农户的扶持（罗东明，2005）。三是中央和地方各级政府受到可利用的资源的限制，无法也无须扶持所有的农业企业，因为这不利于提高生产资料的利用效率，但是各级政府可以通过提供税收优惠、财政补贴、信用贷款等方式加大对农业龙头企业的扶持力度，使这些龙头企业优先得到发展，然后依靠它们的带动及辐射能力推动整个农业产业化的发展，这是当前最为有效的方法。对企业的贷款给予优惠，适当提高农产品加工和流通企业购进农产品原料的增值税进项抵扣率，把重点龙头企业技术改造纳入国债支持的范围。转变政府职能，为加快农业产业化发展提供保障。

（2）增强政府服务意识。建设发展环境政府部门，进一步转变职能，改进作风，变管理为服务，努力提高对农业产业化引导和服务的水平。在完善农业产业化信息系统、提供信息服务、制定相应的政策法规和宏观调控等方面，实现生产要素合理配置，以保障和促进农业产业化的持续、健康、快速发展。加大政府扶持力度，简化有关申请程序，缩短工作周期，提高工作效益，使企业得到真正的实惠。具体措施如下：一是设立相关的资讯网络；二是制定优惠的税收政策；三是加大政府的引导、扶持和宣传力度，相关政策要有针对性和延续性；四是加大财政贴息、银行贷款等方面的扶持，成立专门的联系机构，增加企业、基地农民的培训机会，促进企业和商业银行的贷款合作；五是加强对企业的各种技术方面的培训；六是对企业增加资金方面的扶持；七是促进政府各有关涉农部门，对企业的服务态度、方法等方面要有所改善。

（3）拓宽融资渠道，增加农业企业的资金来源（徐明磊和姚会敏，2013）。首先，要营造良好的投资环境，加大招商引资力度，吸收金融企业资本及民间闲散资本，并将其投入农业产业化发展。想方设法地解决农业产业化发展过程中面临的资金不足问题。其次，政府可以通过制定相关的优惠政策，降低农业龙头企业向银行获取贷款的门槛。再次，要建立良好的融资平台。最后，要确保各项税收优惠政策能够顺利实施，同时保证国家对农业龙头企业的各项优惠政策和资金支持能够真正得到落实，使企业得到真正的实惠和补贴，真正地促进农业企业的发展（周立群和曹利群，2002）。

（4）提升科技创新能力，提高科技水平。一是要走产学研相结合路子，主动与成果对接，构建农业科技创新主体，科技创新是推动农业产业化发展的强大动力和重要支撑。二是科研部门要针对农业产业化关键技术，适时调整科研方向，突出主导产业，注重实用技术研究，为科技创新提供技术保障（王东，2011；龙方和任木荣，2007；崔贵芹等，2007）。三是加大同高等院校和专业研究机构联系，提高企业自身的科研水平和加快研究成果的转换过程。

（5）加大招商引资力度。在调查中有11%的企业希望引进一批知名企业，以此来带动农业产业化的发展。在龙头企业培育建设上求突破，力争更多的外来企业参与本地区农业产业化经营，提升产业化水平。通过招商引资逐步解决农业产业化发展过程中的资金瓶颈、管理粗放、规模不大、竞争力不强等问题。同时，采用多种招商形式进行招商，引进一批实力强、技术新、产品有竞争力的企业来加快农业产业化发展。

参 考 文 献

阿迎萍. 2006. 电子商务与农业产业化龙头企业经营管理[J]. 中国市场,（28）: 33-34.
蔡海龙. 2013. 农业产业化经营组织形式及其创新路径[J]. 中国农村经济,（11）: 4-11.
蔡荣, 祁春节, 虢佳花. 2007. 发达国家农业产业化经营模式类型分析[J]. 经济研究导刊,（8）: 42-45.
陈继红, 杨淑波. 2010. 国外农业产业化经营模式与经验借鉴[J]. 哈尔滨商业大学学报（社会科学版）,（4）: 72-74, 79.
陈剑. 2010. 加快农业产业化经营发展模式及路径选择[J]. 农业经济,（1）: 22-23.
陈俊华, 张文棋, 吴雅婷, 等. 2013. 福建省农业产业龙头企业经营现状及发展对策[J]. 福建林业科技,（1）: 198-202.
陈凌岚, 陈永志. 2010. 我国农业产业化的金融支持初探[J]. 福建论坛（人文社会科学版）,（1）: 35-39.
陈孟平, 李兴稼. 1997. 农业销、加、产一体化中的"龙头"企业经营机制[J]. 中国乡镇企业,（9）: 41-42.
陈鹏, 杜红梅. 2014. 龙头企业与农民专业合作组织间信任的影响因素分析[J]. 农村经济与科技,（7）: 38-40, 180.
陈义. 2015. 福建促进创新转型稳定增长十条措施[J]. 政策瞭望,（1）: 56-59.
程文兵. 2008. 农业产业化与金融支持关联问题研究——基于江西省九江市农村金融支持农业产业化的实证[J]. 金融与经济,（10）: 81-84.
崔宝玉, 刘学. 2014. 政府财税扶持提高了农业企业经营效率吗——来自482家国家级农业龙头企业的经验证据[J]. 经济问题,（9）: 20-25.
崔贵芹, 王健, 赵宪军. 2007. 荷兰农业产业化经营对我国农业发展的借鉴[J]. 商场现代化,（9）: 26-27.
邓俊锋. 2008. 河南省现代农业经营方式的实践与评价[J]. 中国集体经济,（15）: 180-183.
丁力. 2004. 农业产业化新论[M]. 北京: 中国农业出版社.
丁泽霁, 杜志雄. 2001. 中国农业现代化的道路选择与面临的新形势——"中外农业现代化比较国际研讨会"会议纪要[J]. 中国农村经济,（3）: 21-25.
董影, 曲丽丽. 2013. 黑龙江省农业产业化融资问题及对策[J]. 学术交流,（7）: 94-97.
付学坤. 2005. 农业产业化经营与县域经济发展研究[D]. 四川大学博士学位论文.
傅夏仙. 2004. 农业产业化经营中的问题与制度创新[J]. 浙江大学学报（人文社会科学版）,（5）: 6-13.
高敏. 2006. 论农业产业化经营的特征及其发展机制[J]. 乡镇经济,（8）: 16-20.
高鹏, 傅新红. 2014. 城市化进程中农业经营模式的优化路径[J]. 农村经济,（5）: 111-113.
宫海鹏, 胡胜德. 2010. 农业政策性金融支持农业产业化龙头企业问题研究[J]. 哈尔滨商业大学学报（社会科学版）,（2）: 31-34.
顾巍, 熊选福. 2007. 论制度创新、管理创新、技术创新与循环经济的关系及启示[J]. 特区经济,（9）: 114-116.

韩柱. 2011. 日本农业产业化与农产品流通编制及启示[J]. 中国流通经济,（10）：17-22.
洪伟生. 2013. 泉州市农业产业化龙头企业经营绩效评价研究[D]. 福建农林大学硕士学位论文.
侯军岐. 2003. 论农业产业化的组织形式与农民利益的保护[J]. 农业经济问题,（2）：51-54, 80.
胡必亮. 2003. 究竟应该如何认识中国的农业、农村、农民问题[J]. 中国农村经济,（4）：57-161.
黄红球. 2013. 农业产业化经营评价指标体系设置及评价方法研究——基于广东省的证据[J]. 农业技术经济,（7）：110-117.
黄蕾. 2006. 农业产业化经营组织比较及农民专业合作经济组织的构建与运行[D]. 南昌大学博士学位论文.
黄连贵,张照新,张涛. 2008. 我国农业产业化发展现状、成效及未来发展思路[J]. 经济研究参考,（31）：23-33.
纪宝成,杨瑞龙. 2004. 中国经济发展研究报告2004[M]. 北京：中国人民大学出版社.
贾会远. 2003. 我国农业产业化经营及对策研究[D]. 郑州大学硕士学位论文.
贾澎,张攀峰,陈池波. 2011. 基于农业产业化视角的农户融资行为分析——河南省农民金融需求的调查[J]. 财经问题研究,（2）：95-101.
姜长云. 2002. 当前农业产业化的主要问题及其宏观制度性根源[J]. 改革,（3）：95-100.
姜春. 2014. 县域现代农业融资与金融支持路径研究——基于多模型分析下的文登个案[J]. 金融发展研究,（9）：20-26.
蒋永穆,王学林. 2003. 我国农业产业化经营组织发展的阶段划分及其相关措施[J]. 西南民族大学学报（人文社会科学版）,（8）：44-48.
康云海. 1998. 农业产业化中的农户行为分析[J]. 农业技术经济,（1）：7-12.
赖涪林. 2005. 农业产业化与利益平衡机制[J]. 经济体制改革,（4）：85-88.
雷俊忠,陈文宽,谭静. 2003. 农业产业化经营中的政府角色与作用[J]. 农业经济问题,（7）：41-44, 80.
李宾,马九杰. 2015. 劳动力转移是否影响农户选择新型农业经营模式——基于鄂渝两地数据的研究[J]. 经济社会体制比较,（1）：182-191.
李长云,刘畅,赵淑华. 2009. 美、日、欧农业产业化经营组织模式比较[J]. 商业研究,（12）：203-205.
李朝阳. 2010. 西部特色农业产业化发展优势及发展对策研究——以甘肃省庆阳市为例[J].西北农林科技大学学报（社会科学版）,（4）：37-41.
李二玲,史焱文,李小建. 2012. 基于农业产业集群的农业创新体系结构分析——以河南省鄢陵县花木产业集群为例[J]. 经济地理,（11）：113-119.
李清华. 2015. 水到渠成惠民生——泸西县山口村依托水利项目发展"股份合作经济"见闻[J]. 致富天地,（5）：16-17.
李文平. 1996. 农村剩余劳动力有序流动与农业产业化[J]. 农业经济问题,（9）：42-47.
李晓红,程燕. 2015. 新疆特色农产品区域品牌创建与发展策略浅析[J]. 经济研究导刊,（6）：45-47, 86.
李燕琼,张学睿. 2009. 基于价值链的农业产业化龙头企业竞争力培育研究[J]. 农业经济问题,（1）：53-56.
李玉晶. 2006. 析农业产业化发展的主要障碍[J]. 经纪人学报,（3）：118-120.
李增梅,李桃. 2007. 制约农业产业化经营的因素及解决对策[J]. 商业研究,（4）：208-211.
梁蒙. 2012. 创新理论与农业创新系统[J]. 中国农业科技导报,（5）：15-21.

梁敏. 2010. 农业股概况分析及其对农业融资的启示[J]. 商场现代化，（13）：58-59.
梁晓东. 1984. 我国的农业经营形式初探[J]. 天津社会科学，（4）：70-74.
林万龙，张莉琴. 2004. 农业产业化龙头企业政府财税补贴政策效率：基于农业上市公司的案例研究[J]. 中国农村经济，（10）：33-40.
蔺丽莉. 2006. 发展我国农业产业化经营的探讨[J]. 中央财经大学学报，（5）：76-79.
刘初旺，丁骋骋，吴金华. 2003. 土地经营权流转与农业产业化经营[J]. 农业经济问题，（12）：52-55，80.
刘春伟. 2015. 探析中国现代农业经营模式及其创新[J]. 农业与技术，（10）：226.
刘翠花. 2006. 农业产业化龙头企业存在的问题及发展建议——关于淮阴区龙头企业情况的调查[J]. 农业工程技术（农业产业化），（3）：36-38.
刘德金. 2014. 现代农业经营模式及创新探讨[J]. 农业与技术，（7）：229.
刘凤仙. 2010. 中部传统农区农业经营组织变迁及经营模式创新研究[J]. 湖北农业科学，（12）：78-81.
刘海存. 2009. 农业产业化龙头企业技术创新研究[D]. 吉林大学博士学位论文.
刘洪亮，徐鹏杰. 2009. 基于托达罗模型的中国农村劳动力转移分析[J]. 经济研究导刊，（11）：89-92.
刘晓红. 2006. 陕西农业产业化龙头企业经营分析[J]. 乡镇经济，（7）：15-17，31.
刘秀清. 2011. 论我国农业经营模式的创新与完善[J]. 经营管理，（4）：37-41.
龙方，任木荣. 2007. 农业产业化产业组织模式及其形成的动力机制分析[J]. 农业经济问题，（4）：34-38.
罗必良. 2005. 农业产业组织：一个解释模型及其实证分析[J]. 制度经济学研究，（2）：13-17.
罗东明. 2005. 我国农业产业化经营风险问题研究[D]. 东北农业大学博士学位论文.
罗雪中，潘志强. 2006. 农业产业化发展与农民市场风险[J]. 财经理论与实践，（3）：118-121.
马歇尔 A. 2005. 经济学原理[M]. 廉运杰译. 北京：华夏出版社.
聂亚珍. 2004. 我国农业产业化的主要模式分析[J]. 湖北社会科学，（1）：102-104.
农业部农业产业化办公室. 2004. 农业产业化国家重点龙头企业认定和运行监测管理暂行办法[J]. 农业工程技术（农业产业化），（6）：58-59.
欧晓明，曾晓红. 2003. 农业产业化龙头企业与农户利益关系研究[J]. 科技与管理，（3）：1-6.
彭熠，和丕禅，邵桂荣. 2005. 农业产业化龙头企业建设——一个发展极理论视野中的观点[J]. 浙江大学学报（人文社会科学版），（6）：97-104.
齐成喜，陈柳钦. 2005. 农业产业化经营的金融支持体系研究[J]. 农业经济问题，（8）：43-46.
乔彬，吉琳，胡子龙. 2014. 产业集群技术创新与制度创新融合路径与质量——以中国22个典型产业集群为例[J]. 产业经济研究，（5）：44-52，82.
谯龙，黄倩. 2014. 新型农业经营模式的历史沿革与制度创新[J]. 人民论坛，（14）：84-86.
屈孝初. 2007. 湖南农产品加工龙头企业发展策略探讨[J]. 湖南农业大学学报（社会科学版），（4）：20-22.
商振国. 2015. 武城县支行关于农业产业化龙头企业经营情况调查[J]. 时代金融，（11）：256，270.
沈晓红. 2014. 关于发展启东市农业龙头企业的思考[J]. 改革与开放，（24）：17-18.
沈雅琴. 2005. 对当前我国农业产业化研究的再思考[J]. 当代经济研究，（12）：53-57.
石红梅. 2007. 农业产业化与特色农业的发展——以安溪茶产业发展为例[J]. 农业经济问题，

(4): 30-33.

史金善. 2005. 关于发展扶贫农业龙头企业的调查——以广东省为例[J]. 农业经济问题, (5): 57-61, 80.

税尚楠. 2013. 农业经营模式的选择:资本农场或合作经营[J]. 农业经济问题, (8): 32-36, 111.

斯密 A. 1972. 国民财富的性质与原因的研究[M]. 郭大力, 王亚南译. 北京: 商务印书馆.

宋英杰, 陈银春. 2008. 农业产业化经营概述[M]. 北京: 中国社会出版社.

宋瑛. 2014. 农户参与农业产业化经营组织:影响因素及绩效评价[D]. 西南大学博士学位论文.

苏巧平. 2006. 从农业龙头企业的带动看科教兴农战略的实施[J]. 企业经济, (8): 28-30.

苏群. 2004. 农业产业化经营的组织模式与农民合作经济组织的培育[J]. 农村经济, (3): 35-37.

孙新章, 成升魁. 2005. 基于农户调查资料的区域农业产业化进程评价[J]. 资源科学, (1): 74-79.

孙志超, 王恒. 2007. 我国农业小额贷款问题研究[J]. 市场周刊(理论研究), (2): 109-111.

唐春根, 李鑫. 2007. 国内外农业产业化发展模式比较分析[J]. 世界农业, (5): 35-42.

唐天旭, 高继明. 2006. 西部地区农业产业化的发展创新[J]. 甘肃农业, (5): 21.

唐永金. 2004. 农业创新扩散的机理分析[J]. 农业现代化研究, (1): 50-53.

唐玉秀. 2006. 制度创新的内在逻辑与延伸[D]. 对外经济贸易大学硕士学位论文.

涂俊, 魏守华, 吴贵生. 2007. 农业产业化经营组织模式与产业特征匹配性初探[J]. 经济经纬, (4): 102-105.

万伦来, 马娇娇, 朱湖根. 2010. 中国农业产业化经营组织模式与龙头企业技术效率——来自安徽农业综合开发产业化经营龙头企业的经验证据[J]. 中国农村经济, (10): 27-35.

王东. 2011. 中国农业产业化发展的现状、问题及对策探讨——以湖南省农业产业化发展为例[J]. 改革与战略, (10): 92-94.

王广斌, 周岩. 2002. 农村家庭承包经营体制变革的目标选择[J]. 山西农业大学学报(社会科学版), (2): 137-139, 150.

王厚俊. 2007. 农业产业化经营理论与实践[M]. 北京: 中国农业出版社.

王健, 曹艳, 翟冬平. 2003. 农业产业化经营发展的障碍因素和对策分析[J]. 经济师, (12): 178-179.

王来渝. 1998. 家庭经营与农业现代化[J]. 南方农村, (4): 10-12.

王鹏程. 2009. 当前农业产业化发展中存在的问题及对策[J]. 河南农业, (21): 12-13.

王婉飞, 叶宗造. 2010. 休闲农业经营模式创新探索——以华凯休闲农业为例[J]. 商场现代化, (2): 49-51.

王旭. 2013. 我国西部传统农区农业经营模式创新研究[J]. 商场现代化, (24): 150-151.

王亚飞, 唐爽. 2013. 我国农业产业化进程中龙头企业与农户的博弈分析与改进——兼论不同组织模式的制度特性[J]. 农业经济问题, (11): 50-57, 111.

王颖. 2011. 我国农业产业化发展存在的问题及对策[J]. 现代农业科技, (1): 351-353.

王颖. 2015. 向创新转型要稳定增长,确保工业经济健康发展[J]. 领导决策信息, (4): 30-32.

王永峰. 2015. 我国农村建立精准农业经营模式的探索[J]. 农业经济, (3): 18-20.

王征兵, 许婕, 孙浩杰. 2012. 国外发展农民专业合作社的经验及其借鉴——以美国,西班牙和日本为例[J]. 湖南农业大学学报(社会科学版), (2): 30-33.

王志文, 支万宇. 2007. 论现代农业经营制度创新[J]. 沈阳师范大学学报(社会科学版), (3): 21-23.

王致萍. 2007. 甘肃省农业产业化龙头企业调查研究[J]. 甘肃农业大学学报, (4): 139-143.

魏玲丽. 2011. 基于价值链的农业产业化龙头企业竞争力培育战略[J]. 农村经济,（2）: 47-49.
魏延安. 2013. 关于农业经营模式转型的思考[J]. 新农业,（10）: 17-19.
吴德胜. 2008. 农业产业化中的契约演进——从分包制到反租倒包[J]. 农业经济问题,（2）: 28-34.
吴光平. 2011. 积极应对民间融资 着力防范金融风险——对农业银行泗洪县支行应对当地民间融资情况的调查[J]. 现代金融,（10）: 45-46.
武玉祥. 2012. 建立健全农业担保体系 拓宽农业融资渠道[J]. 中国集体经济,（16）: 14-15.
夏金梅. 2014. 发达国家农业经营模式实践经验研究[J]. 世界农业,（9）: 17-20.
咸春龙. 2002. 论农业产业化经营与农民组织化问题[J]. 农业经济问题,（2）: 40-43.
谢栩. 2009. 论农业经营模式变革与农地使用权流转制度转变的相关性[J]. 西安财经学院学报,（22）: 70-74.
谢栩. 2010. 农地使用权流转下农业经营模式的变革[D]. 西安财经学院硕士学位论文.
辛枫冬. 2009. 论知识创新与制度创新、技术创新、管理创新的协同发展[J]. 宁夏社会科学,（3）: 47-50.
熊志东, 王晶. 2006. 中国农业融资瓶颈问题探析[J]. 湖北农村金融研究,（8）: 43-44.
徐明磊, 姚会敏. 2013. 河南省三种典型农业经营模式的比较研究[J]. 种业导刊,（11）: 25-28.
严志业. 2012. 福建省农业产业化龙头企业经营机制优化探讨[J]. 福建论坛（人文社会科学版）,（7）: 134-138.
杨国玉, 郝秀英. 2005. 关于农业规模经营的理论思考[J]. 经济问题,（12）: 163-167.
杨新亭. 1998. 农业产业化经营关键要抓好龙头企业[J]. 企业活力,（9）: 18-19.
杨艳. 2014. 深化农业产业化的金融支持研究[J]. 经济研究导刊,（22）: 113-114, 121.
杨舟, 黎东升, 何蒲明. 2006. 我国农村劳动力转移的特征、制约因素与对策探讨[J]. 长江大学学报（自然科学版）医学卷,（4）: 226-269.
尹芝英. 2014. 浅析通过农业产业化龙头企业带动农户增收模式[J]. 新经济,（20）: 48-52.
于金富. 2007. 当代中国经济改革的实质在于生产方式的变革——中国经济改革的马克思主义经济学解释[J]. 河南大学学报（社会科学版）,（9）: 98-101.
于明丽. 2009. 建国以来农业经营模式变迁及发展趋势探析[D]. 哈尔滨师范大学硕士学位论文.
俞雅乖. 2009. 有效需求、道德风险：农业产业化和政策性农业保险[J]. 经济问题探索,（1）: 37-41.
郁鹏. 2008. 农业产业化与中国农业发展[J]. 当代经济管理,（6）: 50-53.
泽韦. 1988. 对农村土地家庭经营与集约经营的思考[J]. 财经理论与实践,（5）: 48-50.
曾福生. 2011. 中国现代农业经营模式及其创新的探讨[J]. 农业经济问题,（10）: 114-117.
曾艳. 2011. 农业产业化利益分配机制研究——以广东省为例[J]. 改革与战略,（6）: 90-93.
张爱军. 2014. 土地改革背景下我国现代农业经营模式选择[J]. 商业时代,（36）: 117-119.
张吉会. 2003. 中国农村土地经营模式比较与创新[D]. 宁夏大学硕士学位论文.
张凯. 2009. 农业产业化经营中龙头企业运行机制探讨[J]. 网络财富,（23）: 43-44.
张陆伟, 陈雷, 管杰. 2009. 关于农业产业化国家重点龙头企业现状的分析及建议[J]. 中国社会科学院研究生院学报,（5）: 53-61.
张晟义, 张卫东. 2002. 供应链管理：21世纪的农业产业化竞争利器[J]. 中国农业科技导报,（5）: 62-66.
张世如. 2012. 战略性新兴产业发展与农业产业化问题研究——以武汉都市农业发展实践为例

[J]. 农业经济问题,（2）：79-84.

张学睿, 李燕琼. 2008. 基于价值链的农业产业化龙头企业发展研究[J]. 农村经济,（4）：49-52.

张滢. 2015. "家庭农场+合作社"的农业产业化经营新模式：制度特性、生发机制和效益分析[J]. 农村经济,（6）：3-7.

张永厂, 欧阳令南. 2005. 中国农业融资体系的困境及对策[J]. 安徽农业科学,（9）：1747-1748, 1786.

张岳恒, 黄仕勇. 2008. 法国农业产业化经营的主要模式与经验[J]. 南方农村,（7）：67-69.

赵德余, 顾海英. 2005. 从规范经验主义到制度主义——农业产业化研究的文献回顾及研究方法的评论[J]. 学术月刊,（3）：44-52.

赵凯, 魏珊, 毕影. 2013. 农户加入不同农业产业化经营模式意愿的影响因素分析[J]. 华中农业大学学报（社会科学版）,（3）：53-58.

赵占平. 2002. 农业产业化经营评价指标体系及数学模型[J]. 山东科技大学学报（自然科学版）,（3）：66-69.

周吉, 刘满凤, 陈义平. 2012. 基于超效率DEA模型的江西省农业龙头企业经营效率比较分析[J]. 科技与管理,（5）：16-23.

周立群, 曹利群. 2002. 商品契约优于要素契约——以农业产业化经营中的契约选择为例[J]. 经济研究,（1）：14-19, 93.

周立群, 许清正. 2007. "工业反哺农业"若干问题述评[J]. 经济学家,（2）：8-11.

周良骥. 1999. 试论"龙头"企业在农业产业化中的地位和作用[J]. 高等农业教育,（7）：85-87, 90.

周毅, 叶会. 2010. 农业产业化发展的融资困境与金融支持体系建设探索[J]. 中国农学通报,（13）：438-442.

朱湖根. 2007. 新阶段中国农业产业化经营的财政支持政策体系研究[J]. 华东经济管理,（8）：43-46.

邹蓉, 胡登峰. 2008. 我国农业产业化集群发展模式及对策分析[J]. 经济问题探索,（6）：45-48.

邹志强. 2007. 我国农业产业化经营现状及发展策略[J]. 发展研究,（3）：60-62.

Rner C K. 2009. Global statistics of "mountain" and "alpine" research[J]. Mountain Research and Development,（3）：13-17.

Sakuyama T. 2006. Direct payments for environmental services from mountain agriculture in Japan: evaluating its effectiveness and drawing[J]. Journal of Agricultural and Development Economics,（1）：3-7.

Wiegandt E. 2004. Losing ground: challenges to mountain agriculture in Switzerland[J]. Culture & Agriculture,（2）：26-33.

附录A：农业经营组织和经营模式调查大纲

尊敬的各位代表：

为了了解我国西部传统农区农业经营组织及经营模式的现状，探析其中存在的问题，探索适合我国西部农区现状的农业经营组织及经营创新模式，我们组织了这次座谈会，请您就以下几个问题发表自己的看法，谢谢您的配合！

1. 您认为目前的农业经营组织结构有哪些问题？

2. 您认为目前的农业经营模式有哪些问题？

3. 您认为农产品销售渠道有哪些？

4. 您认为现有的传统农业经营组织形式可以有哪些创新？

5. 您目前最需要哪些政策支持？

6. 您对农业经营组织的品牌建设有什么看法？

7. 据您所知，您所在地区的农业企业品牌建设情况如何？

附录B：西部传统农区农业经营组织和经营模式调查表（A卷）

本问卷请农业专业大户填写

亲爱的朋友：

  我们希望通过这份问卷了解您所在地区有关农业专业大户的一些情况。本调查不记名，仅为科学研究和政府决策之用，请您不要有任何顾虑，请根据以下问题认真选择或填写答案。希望得到您的大力支持，谢谢!

  本问卷如无特别说明，下列题目均可多选，请根据自身情况填写。

一、基本情况调查

1. 负责人的性别是_____。
A. 男　　　B. 女
负责人的年龄是_____。
2. 负责人的文化程度是_____。
A. 小学及以下　　B. 初中　　C. 高中（含中专）　　D. 大专及以上
3. 负责人的政治面貌是_____。
A. 党员　　B. 团员（含曾经是）　　C. 群众
4. 您是否有过培训经历？_____
A. 有，且获得证书　　B. 有，但没有获得证书　　C. 没有
如果有，参与培训的具体形式是_____。
A. 广播电视教育　　B. 参加培训班　　C. 农技人员下乡教授
D. 进入农校学习　　E. 进入公司学习
5. 您是否有非农就业经历？_____
A. 打工　　B. 经商　　C. 办厂（或公司）　　D. 没有

6. 您是否有担任村干部的经历？_____
A. 有　　　　B. 没有

二、农业专业大户经营情况

1. 您所从事的农业活动是_____。
A. 种植蔬菜瓜果　　B. 粮食作物　　C. 畜牧养殖业
D. 水产养殖业　　　E. 其他经济作物
2. 种植业大户请填写种植面积_____亩；水产养殖大户请填写养殖规模_____亩；畜禽养殖大户请填写养殖牲畜_____头，禽类_____羽。
3. 您去年的销售收入是_____万元。
4. 您的生产资金的来源为_____。
A. 个人（合作社或公司自有资金）　　B. 银行或信用社贷款
C. 亲戚朋友借款　　　D. 政策性银行贷款　　　E. 社员共同筹资
F. 合作社核心成员筹资　　G. 政府项目扶持资金　　H. 其他
5. 您销售农产品的主要渠道为_____。
A. 超市订购　　　B. 公司等集团客户订购　　C. 通过合作社统一销售
D. 商贩上门收购　　E. 到市场上销售　　　　F. 其他方式
6. 您的产品认证情况为_____。
A. 无公害基地（农产品）　　　B. 绿色农产品
C. 有机食品（农产品）　　　　D. 没有
7. 您获得信息服务的途径为_____。
A. 网络　　　　　　　B. 电视、广播、报刊　　C. 政府部门的宣传
D. 专家或农技员的指导　E. 自己的经验或（自学）　F. 与专业大户交流
G. 专业合作社或专业协会提供　　　　　　H. 龙头企业提供
8. 您希望获得哪些政策支持？_____
A. 政府资金（或项目）扶持　　B. 金融信贷扶持　　C. 农业保险扶持
D. 农业信息和技术服务　　　　E. 土地流转服务　　F. 农产品销售服务
G. 农资价格优惠　　　　　　　H. 解决设施用地
I. 用水、用电等价格优惠　　　J. 税收优惠

附录C：西部传统农区农业经营组织和经营模式调查表（B卷）

本问卷请农业专业合作组织负责人填写

亲爱的朋友：

我们希望通过这份问卷了解您所在地区有关农业合作经济组织的一些情况，农业合作经济组织包括农民专业合作社、专业协会、技术协会等。本调查不记名，仅为科学研究和政府决策之用，请您不要有任何顾虑，请根据以下问题选择或填写答案。希望得到您的大力支持，谢谢！

本问卷如无特别说明，下列题目均可多选，请根据自身情况填写。

一、基本情况调查

1. 负责人的性别是_____。
A. 男　　　B. 女
负责人的年龄是_____。
2. 负责人的文化程度是_____。
A. 小学及以下　　B. 初中　　C. 高中（含中专）　　D. 大专及以上
3. 负责人的政治面貌是_____。
A. 党员　　B. 团员（含曾经是）　　C. 群众
4. 您是否有培训经历？_____
A. 有，且获得证书　　B. 有，但没有获得证书　　C. 没有
5. 您是否有非农就业经历？_____
A. 打工　　B. 经商　　C. 办厂（或公司）　　D. 没有
6. 您是否有担任村干部的经历？_____
A. 有　　　B. 没有

二、农业合作经济组织的建设情况

1. 贵组织负责人的身份是_____。
   A. 普通农民　　B. 县、乡或镇干部　　C. 村干部　　D. 大户或技术能人

2. 贵组织的注册资金总额为_____，股东数为_____，会员人数为_____。

3. 贵组织是由_____。
   A. 大户牵头组建　　B. 龙头公司推动而建　　C. 供销社领办
   D. 政府农技部门领办　　E. 村干部领办

4. 贵组织去年的销售收入是_____万元。

5. 社员缴纳股金情况为_____（若缴纳请填写具体金额）。
   A. 不缴纳　　B. 缴纳

6. 合作经济组织内有无出资成员和非出资成员之分？_____
   A. 有　　B. 无
   合作经济组织内有无核心成员和非核心成员之分？_____
   A. 有　　B. 无

7. 成员加入时有什么要求？_____
   A. 生产品种　　B. 种植面积　　C. 饲养规模
   D. 户口　　E. 专业技能　　F. 其他（请填写）_____

8. 贵组织内有哪些部门？_____
   A. 成员大会　　B. 成员代表大会　　C. 理事会
   D. 监事会　　E. 其他（请填写）_____

9. 贵组织成员大会召开的次数是_____。
   A. 1年1次　　B. 1年2次　　C. 1年3次　　D. 1年4次　　E. 1年5次及以上

10. 贵组织实行的表决方式是_____。
    A. 一人一票制　　B. 一股一票制　　C. 一人多票制
    D. 一人一票，适当照顾股金票

11. 贵组织是否对成员按照交易量返还利润？_____
    A. 是　　B. 否

12. 贵组织的收益如何分配？_____
    A. 按股分红　　B. 按交易额返利　　C. 按股分红与按交易额返利相结合

13. 贵组织以什么方式销售社员的产品？_____
    A. 中介推销——代销，只收取佣金　　B. 赊销——先卖后结账
    C. 买断——直接买进

14. 如果是赊销或买断，贵组织以_____进行收购。
A. 事先的协议价 B. 市场价
C. 协议价和市场价中较高的那个价格 D. 随行就市，但价格优于市场价
15. 贵组织有没有和农户签订购销合同？_____
A. 有 B. 无
16. 在签订合同的情况下，如果市场行情很好，有_____社员会违约。
A. 80%以上 B. 60%~80% C. 40%~60%
D. 20%~40% E. 20%以下

三、其他内容

1. 贵组织生产资金的来源为_____。
A. 个人（合作社或公司自有资金） B. 银行或信用社贷款
C. 亲戚朋友借款 D. 政策性银行贷款 E. 社员共同筹资
F. 合作社核心成员筹资 G. 政府项目扶持资金 H. 其他
2. 贵组织销售农产品的主要渠道为_____。
A. 超市订购 B. 公司等集团客户订购 C. 通过合作社统一销售
D. 商贩上门收购 E. 销售人员到市场上销售 F. 其他方式
3. 贵组织的产品认证情况为_____。
A. 无公害基地（农产品） B. 绿色农产品
C. 有机食品（农产品） D. 没有
4. 贵组织的名牌农产品情况为_____。
A. 级名牌 B. 省级名牌 C. 市级名牌
D. 有，但不是自己的 E. 没有
5. 贵组织获得信息服务的途径为_____。
A. 网络 B. 电视、广播、报刊 C. 政府部门的宣传
D. 专家或农技员的指导 E. 自己的经验或（自学） F. 与专业大户交流
G. 行业协会提供 H. 龙头企业提供
6. 贵组织希望获得哪些政策支持？_____
A. 政府资金（或项目）扶持 B. 金融信贷扶持 C. 农业保险扶持
D. 农业信息和技术服务 E. 土地流转服务 F. 农产品销售服务
G. 农资价格优惠 H. 解决设施用地
I. 用水、用电等价格优惠 J. 税收优惠
7. 贵组织当前采取的经营模式是_____。
A. 公司+农户 B. 公司+合作社+农户 C. 合作社办公司+农户

D. 公司+基地+合作社+农户　　E. 基地+农户　　F. 专业协会+农户

G. 公司+专业协会+农户

8. 贵组织享受过政府哪些支持项目？_____

A. 税收优惠　　　　　　B. 财政补助补贴　　　　C. 贷款支持

D. 人才和技术培训　　E. 土地和其他物资　　F. 没有得到任何政府支持

9. 贵组织对于政府的扶持资金是否量化到个人？_____

A. 是　　　B. 否

10. 贵组织社员及所联系的农户从合作组织得到的主要好处是_____。

A. 技术服务　　　B. 产品销售有保障　　　C. 获得更便宜、质量更好的农资

D. 通过加工农产品获得更多的价值增值

11. 新老社员之间的权利有没有不同？_____

A. 有　　　B. 无

如果有，在哪方面有不同？_____

12. 贵组织提取以下哪些公共积累？_____

A. 公积金　　　　B. 公益金　　　　C. 风险基金　　　　D. 不提取

13. 贵组织的公共积累是否量化到每个社员？_____

A. 是　　　B. 否

14. 如果社员退社，贵组织的处理办法为_____。

A. 退还股金　　　　B. 退还股金但负当年盈亏　　　C. 不退还会费或股金

D. 进行内部转让　　E. 其他（请填写）_____

附录D：西部传统农区农业经营组织和经营模式调查表（C卷）

本问卷请农业龙头企业负责人填写

亲爱的朋友：

　　我们希望通过这份问卷了解您所在农业公司的一些情况。本调查不记名，仅为科学研究和政府决策之用，请您不要有任何顾虑，请根据以下问题选择或填写答案。希望得到您的大力支持，谢谢！

　　本问卷如无特别说明，下列题目均可多选，请根据自身情况填写。

一、基本情况调查

1. 负责人的性别是_____。
   A. 男　　　　B. 女
   负责人的年龄是_____。
2. 负责人的文化程度是_____。
   A. 小学及以下　　B. 初中　　C. 高中（含中专）　　D. 大专及以上
3. 您的企业是从_____基础上发展起来的。
   A. 专业大户　　B. 国营企业　　C. 农业专业合作组织
   D. 乡镇企业　　E. 其他
4. 您是否有培训经历？_____
   A. 有，且获得证书　　B. 有，但没有获得证书　　C. 没有
5. 您是否有非农就业经历？_____
   A. 打工　　B. 经商　　C. 办厂（或企业）　　D. 没有
6. 您是否有担任村干部的经历？_____
   A. 有　　　　B. 没有

7. 贵公司的登记注册类型是_____。
   A. 国有企业　　　　B. 集体企业　　　　C. 股份合作企业
   D. 有限责任公司　　E. 股份有限公司　　F. 私营企业
8. 贵公司属于_____。
   A. 国家级农业产业化龙头企业　　　B. 省级农业产业化龙头企业
   C. 地市级农业产业化龙头企业　　　D. 县级农业产业化龙头企业
9. 公司拥有的员工人数是_____。
   A. 1 000人以上　　B. 700~1 000人　　C. 400~700人
   D. 100~400人　　　E. 100人以下
10. 公司年销售额是_____。
    A. 500万元以下　　　　　B. 500万~1 000万元　　　C. 1 000万~3 000万
    D. 3 000万~5 000万元　　E. 5 000万元以上
11. 贵公司成立了_____。
    A. 1~5年　　B. 5~10年　　C. 10~15年　　D. 15~20年　　E. 20年以上

二、经营现状调查（其中8~13题和15题为单选）

1. 贵公司主要涉及的领域是_____。
   A. 农产品种植或加工　　　B. 林产品种植或加工　　　C. 畜产品养殖或加工
   D. 茶、中药材等经济作物种植或加工　　E. 水产品养殖或加工　　F. 其他
2. 贵公司去年的销售收入是_____万元。
3. 贵公司当前采取的农业产业化经营模式是_____。
   A. 公司+农户　　　B. 公司+合作社+农户　　　C. 合作社办公司+农户
   D. 公司+基地+合作社+农户　　E. 基地+农户　　F. 专业协会+农户
   G. 公司+专业协会+农户
4. 贵公司认为发展过程中面临的最大制约因素是_____。
   A. 政府政策　　　B. 市场拓展　　C. 技术工人招聘　　D. 研发能力提升
   E. 企业管理水平　F. 土地等成本过高　　G. 其他
5. 您认为当前重点龙头企业发展中存在的问题是_____。
   A. 与农户利益联结不够　　　　B. 政府扶持力度不足，缺乏针对性
   C. 企业自身发展尚不完善　　　D. 其他
6. 贵公司基地的土地来源的情况是_____。
   A. 从乡村政府手中流转而得　　　B. 直接与农户签约流转而来
   C. 从其他种养大户或公司流转而来　D. 没有自己的土地，合同委托农户生产

7. 贵公司使用土地的方式是_____。
A. 租地　　　B. 转包　　　C. 购买土地　　D. 农户土地入股　　E. 其他
8. 您认为龙头企业在促进农业的专业化方面效果如何？（单选）
A. 非常明显　　B. 比较明显　　C. 一般　　D. 不明显　　E. 非常不明显
9. 您认为龙头企业在促进农业的标准化生产方面效果如何？（单选）
A. 非常明显　　B. 比较明显　　C. 一般　　D. 不明显　　E. 非常不明显
10. 您认为龙头企业在促进农业的规模化生产方面效果如何？（单选）
A. 非常明显　　B. 比较明显　　C. 一般　　D. 不明显　　E. 非常不明显
11. 您认为龙头企业在促进农业的科技进步方面效果如何？（单选）
A. 非常明显　　B. 比较明显　　C. 一般　　D. 不明显　　E. 非常不明显
12. 您认为龙头企业在提升农民的素质方面效果如何？（单选）
A. 非常明显　　B. 比较明显　　C. 一般　　D. 不明显　　E. 非常不明显
13. 您认为龙头企业在促进农产品市场稳定性方面的效果如何？（单选）
A. 非常明显　　B. 比较明显　　C. 一般　　D. 不明显　　E. 非常不明显
14. 贵公司带动农户的形式有哪些？_____
A. 公司自身直接带动农户　　　　　　B. 公司通过大户、经纪人带动
C. 通过专业合作经济组织带动农户
15. 公司带动下农户的收入增加情况如何？（单选）
A. 非常明显　　B. 比较明显　　C. 一般　　D. 没有增加　　E. 有所降低
16. 贵公司目前面临的主要问题是_____。
A. 基地建设存在的主要问题　　　B. 资金短缺问题
C. 与农户的利益分配问题
D. 公司产品科技含量低，营销意识淡薄，竞争力弱
E. 公司员工素质有待提高，人才储备不足
17. 您认为制约公司发展农业产业化的外部因素是_____。
A. 融资渠道不畅　　B. 农产品流通和经营环境不宽松　　C. 政府扶持不够
D. 税费过高　　　　E. 农户合同违约率高
18. 贵公司生产资金的来源为_____。
A. 个人（合作社或公司自有资金）　　B. 银行或信用社贷款
C. 亲戚朋友借款　　　　　　　　　　D. 政策性银行贷款
E. 社员共同筹资　　　　　　　　　　F. 合作社核心成员筹资
G. 政府项目扶持资金　　　　　　　　H. 其他
19. 贵公司销售农产品的主要渠道为_____。
A. 超市订购　　B. 公司等集团客户订购　　C. 公司连锁店销售
D. 商贩上门收购　E. 销售人员到市场上销售　　F. 其他方式

20. 贵公司获得信息服务的途径为_____。

A. 网络　　　　　　　　　　B. 电视、广播、报刊　　C. 政府部门提供

D. 专家或农技员的指导　　　E. 与专业大户交流　　　F. 行业协会提供

21. 贵公司希望获得哪些政策支持？

A. 政府资金（或项目）扶持　　B. 金融信贷扶持　　　C. 农业保险扶持

D. 农业信息和技术服务　　　　E. 土地流转服务　　　F. 农产品销售服务

G. 农资价格优惠　　　　　　　H. 解决设施用地

I. 用水、用电等价格优惠　　　J. 税收优惠

22. 贵公司产品是否有注册商标？_____

A. 有　　　　B. 无

23. 贵公司产品是否有地理标志注册？_____

A. 有　　　　B. 无

24. 贵公司的产品认证情况为_____。

A. 无公害基地（农产品）　　B. 绿色农产品

C. 有机食品（农产品）　　　D. 没有

25. 贵公司的名牌农产品情况为_____。

A. 国家级名牌　　　　B. 省级名牌

C. 市级名牌　　　　　D. 有，但不是自己的　　　E. 没有

26. 贵公司品牌管理职能部门的设置情况为_____。

A. 设立了专职品牌管理的部门　　B. 设置了兼职品牌管理的部门

C. 没有设置明确的品牌管理部门和职能

27. 您认为品牌建设对本公司的发展具有_____。

A. 决定作用　　　B. 重要作用　　　C. 一般作用

D. 较少作用　　　E. 没有作用

28. 贵公司采用哪种方式为其农产品命名？_____

A. 产地名称　　　　B. 企业名称　　　　C. 企业创始人或著名人物

D. 独创名称　　　　E. 无品牌名称

29. 贵公司的产品品牌定位为_____。

A. 高档农产品　　　B. 中档农产品　　　C. 低档（普通）农产品

30. 贵公司采用哪种品牌战略？_____

A. 产品和公司采用统一品牌

B. 在一种产品既标注公司品牌也标注产品品牌

C. 同类产品采用多个品牌

D. 不同类产品采用不同品牌

E. 没有品牌战略

31. 贵公司按哪种标准生产农产品？_____
　　A. 国家标准　　　B. 地方标准　　C. 行业标准
　　D. 企业标准　　　E. 没有具体标准
32. 贵公司的品牌推广计划是_____。
　　A. 长期品牌计划　　　B. 中期品牌计划　　　C. 短期品牌计划
　　D. 三者都有　　　　　E. 没有品牌计划
33. 贵公司采用哪种措施进行品牌维持？_____
　　A. 产品保证　　　　B. 质量管理　　　　C. 广告宣传
　　D. 促销、公关等其他方式　　　E. 没有品牌维系
34. 贵公司采用哪种措施进行品牌保护？_____
　　A. 注册商标　　　　B. 申请专利　　　　C. 打击假冒侵权
　　D. 企业保密制度　　E. 无具体措施
35. 贵公司在品牌创新方面，认为哪种方式最有效？_____
　　A. 产品创新　　　　B. 技术创新　　　　C. 品牌延伸
　　D. 品牌本身的创新　E. 营销创新　　　　F. 服务创新
36. 近年来本公司在品牌建设中投入最高的是_____。
　　A. 研究开发　　　　B. 生产设备　　　　C. 广告宣传
　　D. 销售服务　　　　E. 销售渠道　　　　F. 其他（请注明）_____

附录E：基础数据分析报告

本数据分析报告建立在对贵州13个县及地区进行调研的基础上，发放的调查问卷一共分为A、B、C三种类型，其中针对农业专业大户共回收有效问卷59份（A卷），针对农业专业合作组织共回收有效问卷40份（B卷），针对农业龙头企业共回收有效问卷37份（C卷）。

一、A卷分析报告

1. 农业大户基本情况

农业专业大户59人中，文化程度为初中的有33人（附图E1），所占比例最高，为56%，而大专及以上的学历仅占10%；所有人员中，曾经参加培训的有46人，占78%，从培训的方式上看，参加培训班、农技人员下乡教授所占比例合计达86%；从非农就业经历上看，只有18人没有非农就业经历，比例为31%。

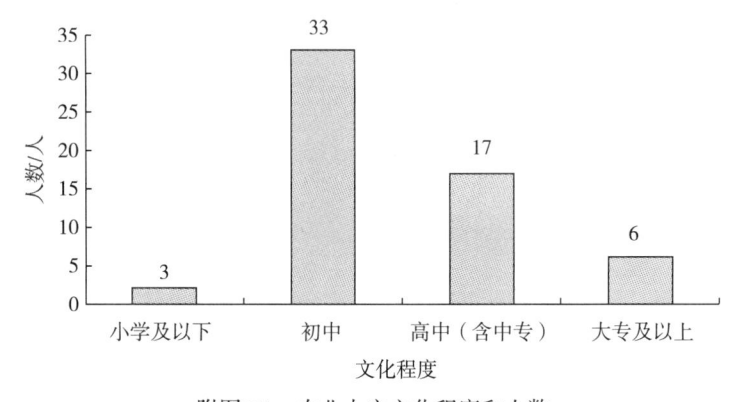

附图 E1　农业大户文化程度和人数

从基本情况现状分析来看，农业专业大户受教育的文化程度普遍偏低，但大多数都参加过相关的培训，并且超过三分之二的农业专业大户曾经有过非农就业经历。

2. 农业大户经营情况

59位农业大户中，蔬菜瓜果、畜牧养殖及其他经济作物分别占比27%、31%和25%，累计比例达到83%；从生产资金来源看，37%来自个人（合作社或公司自有资金），32%来自银行或信用社贷款，这二者占据主导地位，累计比例达到69%；从销售农产品的主要渠道看，公司等集团客户订购、商贩上门收购与到市场上销售分别占到15%、25%和34%，累计比例达74%，其中在市场上销售占比例最大；从产品认证方面看，只有29%为无公害基地，3%为有机农产品，15%为绿色农产品，53%的农业大户没有任何产品认证；从获得信息服务的途径看，依照使用频率顺序从高到低，分别是自学，专家或农技员的指导，电视、广播、报刊，政府部门宣传，网络，与农业大户交流，专业合作社或专业协会提供，龙头企业提供；农业大户希望获得政策支持方面，排名前三位的分别是政府资金（或项目）扶持、金融信贷扶持及农业信息和技术服务。

从经营状况的基本数据现状分析来看，农业大户经营情况有以下特点。

（1）农产品范围主要局限在蔬菜瓜果及水产养殖业。

（2）生产资金来源范围较窄。

（3）农产品销售渠道有限，产品认证不足。

（4）农业大户获得信息服务的途径以自学为主，外部支持力量不够。

（5）在政策支持方面则需求过盛，主要集中在希望获得资金扶持及技术服务支持方面，这也从侧面反映出政府及外界支持力量薄弱，需要加强。

二、B卷分析报告

1. 农业合作经济组织基本情况

农业合作经济组织负责人40人中，文化程度为初中的有17人（附图E2），所占比例为42.5%，而高中及以上的学历占57.5%；所有人员中，曾经参加培训的有37人，占92%，从非农就业经历上看，有非农就业经历的负责人所占比例为87%。

从基本情况现状分析来看，农业合作经济组织负责人受教育的文化程度相比农业大户有所提高，但高学历负责人偏少，参加过相关培训的农业合作经济组织负责人占绝大多数，并且曾经有过非农就业经历（附图E3）。

2. 农业合作经济组织建设情况

组织负责人的身份中，大户或技术能人所占比例为55%，组织为大户牵头组建的比例达到58%；在组织社员是否缴纳股金情况中，缴纳与不缴纳各占50%，

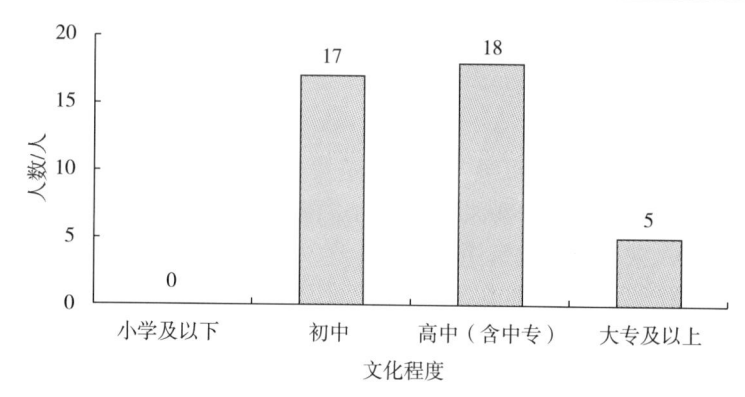

附图 E2　农业合作经济组织负责人文化程度和人数

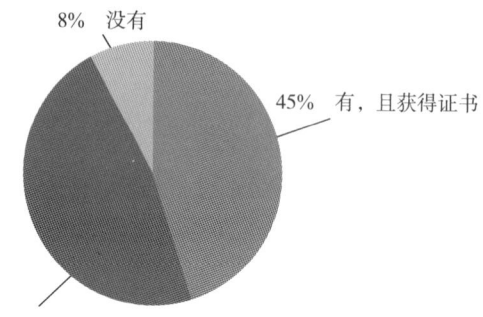

附图 E3　农业合作经济组织负责人培训情况

同时合作经济组织中出资成员与非出资成员之分、核心成员与非核心成员之分分别占53%和58%的比例；成员加入组织时的要求，按重要性从高到低依次排序为户口、生产品种、种植面积、专业技能、饲养规模、其他；合作组织的部门中，90%的组织有成员大会，48%的组织有成员代表大会，75%的组织有理事会，58%的组织有监事会，5%的组织有其他部门；每年成员大会召开次数中，2次以下（含2次）所占比例为75%；表决方式上，53%的组织是一人一票制，33%的组织是一股一票制，18%的组织是一人一票，适当照顾股金票，仅有一个组织实行一人多票制；95%的组织对成员按照交易量返还利润，50%的组织采取按股分红与按交易额返利相结合的收益分配方式；在销售社员产品方式上，54%的组织采用中介推销的方式，17%的组织采用赊销，29%的组织采用买断；在采用赊销或买断的销售产品方式中，采用事先的协议价或协议价和市场价中较高的价格来购买社员产品的组织，均占比例19%，采用市场价收购的占29%，随行就市但价格优于市场价的占33%；合同方面，仅有15%的组织没有和农户签订购销合同。

从农业合作经济组织建设的基本情况现状分析来看，有以下特点。

（1）组织的建立基于大户牵头而组建的占大部分，组织负责人的身份以大户或技术能人为主。

（2）组织中对社员并无明确的区分度，是否缴纳股金也没有明显的偏好。

（3）成员加入组织的要求中，户口、生产品种、种植面积、专业技能四个因素是最主要的。

（4）合作组织中，成员大会、理事会、监事会是不可缺少的，各个组织在此基础上扩充部门，组织中每年举办的成员大会大多数不超过两次，表决方式以一人一票制、一股一票制为主。

（5）调查过程中，只有两个合作组织没有采取对成员按照交易量返还利润的措施，在分配收益上，以按股分红与按交易额返利相结合的方式为主。

（6）销售社员产品方式上，以代销方式为主，采取赊销与买断的组织对收购价格没有明确偏好。

（7）仅有极少数组织没有与农户签订购销合同。

3. 其他内容

农业合作经济组织的生产资金来源中，个人（合作社或公司自有资金）占31%，银行或信用社贷款占27%，社员共同筹资占21%，累计比例达79%；组织销售农产品的主要渠道中，通过合作社统一销售占34%，通过销售人员到市场上销售占21%，公司等集团客户订购占15%，超市订购及商贩上门收购各占12%；产品认证方面，有40%的组织是无公害基地（农产品），25%的组织是绿色农产品，10%的组织是有机产品；组织的名牌农产品情况中，国家级名牌仅有1家，省级名牌与贴牌各3家，市级名牌有8家，约有61%的组织没有任何名牌农产品；组织获得信息服务的途径频数从高到低依次是电视、广播、报刊，专家或农技员的指导，自学，政府部门宣传，网络；组织在政策支持需求方面，按频数从高到低依次是政府资金（或项目）扶持，金融信贷扶持，农业信息和技术服务，农资价格优惠，农业保险扶持，土地流转服务，农产品销售服务，用水、用电等价格优惠，税收优惠；组织经营模式中，公司+合作社+农户占29%，公司+基地+合作社+农户与专业协会+农户各占23%，合作社办公司+农户与基地+农户各占15%，公司+农户与公司+专业协会+农户各占5%；享受过政府支持项目的组织中，财政补助补贴的占60%，人才和技术培训的占63%，贷款支持的占38%，税收优惠与土地和其他物质支持的各占25%；政府扶持资金，50%的组织选择量化到个人；组织为社员提供技术服务的占75%，提供产品销售保障的占83%，提供更便宜、质量更好的农资的占43%，通过加工农产品提供更多的价值增值的占15%；只有两个组织对新老社员的权利有所不同，45%的组织从公共积累中提取公积金，25%的组织提取公益金，33%的组织提取风险基金，28%的组织不提取，57%的组织将公共积累量化到每个社员；社员退社时，退还股金的组织占30%，53%的组织退还股金但社员需负当年盈亏，8%的组织不退还会费或股金，20%的组织进行内部转让。

从基础数据现状分析来看，农业合作经济组织还具有以下几个明显特征。

（1）组织的生产资金来源与农户生产资金来源相比较，多了社员筹资，剔除组织模式，实质上依旧以个人或银行及信用社贷款为主。

（2）农产品的销售渠道相比农户，销售方式从到市场上销售为主转为以通过合作社统一销售为主，销售渠道有所保障。

（3）产品认证方面，有35%的组织没有任何产品认证，所占比例较高，同时组织中61%没有名牌农产品，也从侧面反映出组织负责人的产品认证意识及品牌意识不强。

（4）从组织获得信息服务的途径来看没有明显的偏好，对政策支持的需求方面，排名前三位的依然是政府资金（或项目）扶持、金融信贷扶持及农业信息和技术服务，同农业大户政策扶持需求一致。

（5）享受过政府支持项目的组织中，财政补助补贴和人才技术培训占据主要地位，其次是贷款支持，对政府的扶持资金组织是否量化到个人则依组织而定（政府的支持与组织的需求相一致，但组织仍希望在这些方面得到帮助，是需求过盛还是支持不足，有待商榷）。

（6）经营模式来看，有5个农业合作组织采用了不止一种经营模式，所占比例为12.5%。

（7）社员加入农业合作组织中，大部分都获得了技术服务及产品销售保障的好处。

（8）组织管理层面上，绝大多数组织对新老社员并没有明确的权利区分，公共积累的提取与分配也是依照组织而定，没有明确的偏好；针对社员退社，超过一半的组织选择退还股金，但社员需自负当年盈亏。

三、C卷分析报告

1. 农业龙头企业基本情况

37位农业龙头企业负责人中，63%的文化程度为大专及以上；企业从专业大户发展而来的占11%，从国营企业发展起来的占14%，从农业专业合作组织发展起来的占22%，从乡镇企业发展起来的占19%，其他所占比例最高，为35%；有过培训经历的龙头企业负责人所占比例为82%，其中获得证书的负责人占70%；仅有7%的人没有非农就业经历，20%的负责人表示曾经打工，49%的负责人曾经经商，24%的负责人曾经办厂（或企业）；从公司的登记类型来看，国有企业占3%，集体企业占11%，没有股份合作企业，有限责任公司占62%，股份有限公司占4%，私营企业占20%；24%的公司属于省级农业产业化龙头企业，46%属于地市级，

30%属于县级；公司拥有的员工数、年销售额、成立时间如附表E1~附表E3所示。

附表E1　员工数

	员工数	频率	百分比/%	有效百分比/%	累积百分比/%
有效	100人以下	33	89.2	89.2	89.2
	100~400人	4	10.8	10.8	100.0
	合计	37	100.0	100.0	

附表E2　年销售额

	年销售额	频率	百分比/%	有效百分比/%	累积百分比/%
有效	500万元以下	10	27.0	27.0	27.0
	500万~1 000万元	14	37.8	37.8	64.8
	1 000万~3 000万元	7	18.9	18.9	83.7
	3 000万~5 000万元	3	8.1	8.1	91.8
	5 000万元以上	3	8.1	8.2	100.0
	合计	37	100.0	100.0	

附表E3　公司成立时间

	成立时间	频率	百分比/%	有效百分比/%	累积百分比/%
有效	1~5年	12	32.4	32.4	32.4
	5~10年	17	45.9	45.9	78.3
	10~15年	6	16.2	16.2	94.5
	15~20年	1	2.7	2.7	97.2
	20年以上	1	2.7	2.8	100.0
	合计	37	100.0	100.0	

从基本情况现状分析来看，农业龙头企业有以下几个特点。

（1）农业龙头企业负责人的平均文化程度高于农业大户与农业合作经济组织负责人。

（2）对企业发展的基础，选"其他"的所占比例超过三分之一，可见选项设置没有多方面顾及。

（3）曾经有过经商办厂经验的负责人累计比例超过70%。

（4）公司登记类型以有限责任公司为主，地市级农业产业化龙头企业居多，其次是县级，再次是省级，没有国家级农业产业化龙头企业。

（5）公司规模以100人以下为主，年销售额以1 000万元以下为主，公司成立时间大多数在10年以下。

2. 农业龙头企业经营情况

37家公司中，涉及农产品种植或加工的公司占65%，畜产品养殖或加工的占24%，茶、中药材等经济作物种植或加工的占19%；在公司当前采取的农业产业化经营模式中，采用公司+基地+合作社+农户的占46%，采用公司+农户的占35%，采用基地+农户的占14%，采用公司+合作社+农户的占8%，采用公司+专业协会+农户的占5%；公司认为发展过程中面临最大制约因素上，认为市场拓展的公司所占比例为38%，政府政策的占27%，技术工人招聘、研发能力提升、企业管理水平三者均占22%，土地成本过高的占19%，其他的占16%；当前重点龙头企业发展中存在的问题，59%的公司认为是政府支持力度不足，缺乏针对性，32%的公司认为企业自身发展尚不完善，22%的公司认为与农户利益联结不够，16%的公司认为是其他原因；公司的土地来源情况中，直接与农户签约流转而来且没有自己的土地、合同委托农户生产的均占36%，从乡村政府手中流转而得的占18%，从其他种养大户或公司流转而来的占10%；使用土地方式中，出租占33%，转包占15%，购买土地占28%，农户土地入股占5%，其他占20%。

龙头企业在促进农业的专业化、标准化生产、规模化生产，促进农业的科技进步，提升农民素质及促进农产品市场稳定性方面的效果评价如附表E4所示。

附表E4 描述统计量

描述统计量	N	极小值	极大值	均值		标准差	方差
专业化	37	2	5	4.41	0.119	0.725	0.526
标准化	37	2	5	4.35	0.130	0.789	0.623
规模化	37	2	5	4.35	0.130	0.789	0.623
科技进步	37	2	5	4.16	0.142	0.866	0.751
提升素质	37	2	5	4.08	0.131	0.795	0.632
市场稳定性	37	3	5	4.41	0.098	0.599	0.359
有效的N（列表状态）	37						

注：1代表非常不明显；2代表不明显；3代表一般；4代表比较明显；5代表非常明显

在龙头企业的促进方面，我们可以看到调研中，没有任何龙头负责人表示效果非常不明显，并且每一项的数值都在4分以上，即介于比较明显与非常明显之间，其中可能掺杂了一些龙头企业负责人的主观因素，因此数据的可靠性需要进一步分析。

公司带动农户的形式中，采取直接带动措施的公司占68%，通过大户、经纪人带动的占32.4%，通过专业合作经济组织带动的有49%；公司面临的主要问题方面，按频率从高到低排序分别是资金短缺、员工素质不高、人才储备不足、产品科技含量低、营销意识淡薄、竞争力弱、基地建设存在问题、与农户的利益分配问题；制约公司发展农业产业化的外部因素，融资渠道不畅的公司占70%，农产品流通和经营环境不宽松占35%，政府扶持不够占54%，税费过高占16%，农户合同违约率高占22%；公司销售农产品的渠道，依照频率从高到低的排序依次是公司等集团客户订购、超市订购、销售人员到市场上销售、商贩上门收购、其他、公司连锁店销售；公司获得信息服务的途径中，使用网络的公司占70%，电视、广播、报刊占46%，政府部门提供占30%，专家或农技员的指导占32%，与专业大户交流占30%，行业协会提供占16%；92%的公司产品拥有注册商标，49%的公司产品有地理标志注册，35%的公司有无公害基地（农产品），30%的公司有绿色农产品，3%的公司有有机产品（农产品），而38%的公司没有任何产品认证。

从经营情况现状分析来看，农业龙头企业有以下几个特点。

（1）涉及的领域集中在农产品种植或加工方面，以畜产品养殖或加工、茶、中药材等经济作物种植或加工为辅，其中有19%的公司经营涉及多领域。

（2）农业产业化经营模式，集中在公司+基地+合作社+农户与公司+农户两种模式上，合作社办公司+农户及专业协会+农户两种模式均没有公司采用。

（3）农业龙头企业负责人看来，市场拓展与政府的政策是制约公司发展的主要因素，二者均是外部因素，而技术工人的缺失、研发能力的不足及企业管理水平有限这些内部因素则排在外部因素之后，这与农业龙头企业发展中存在的问题相一致。

（4）龙头企业的土地来源以直接与农户签约流转为主，土地使用方式则集中在租地与购买土地上。

（5）公司带动农户的形式以直接带动为主，多数公司也同时采取多种方式共同带动，带动下农户增收情况介于比较明显与非常明显之间。

（6）在公司面临的现阶段主要问题上，资金和技术员工缺乏、产品科技含量低、营销意识薄弱、竞争力不强是急需解决的问题，外部条件上，融资难、政府扶持不够使公司发展受到制约。

（7）公司生产资金的来源主要集中在个人（合作社或公司自有资金）、银行或信用社贷款、亲戚朋友借款这三个主要方面，从中可以看出无论是农户、农业合作经济组织，还是农业龙头企业，生产资金基本来源于个人（合作社或公司自有资金）与银行或信用社贷款。

（8）在销售渠道上主要集中在公司等集团客户订购、超市订购、销售人员到市场上销售这三个方面，相比较农户及农业合作经济组织，集团客户订购及超市订购是公司销售渠道的优势。

（9）对公司来说，网络的使用已经成为信息来源的第一位，其次才是电视、广播、报刊等传统媒介。

（10）希望获得政策支持方面，同农业大户及农业合作经济组织一样，公司层面将政府资金（或项目）扶持、金融信贷扶持放在前两位，略有不同的是公司更重视农业保险扶持，解决设施用地、用水、用电等价格优惠。

（11）公司对产品注册商标是十分重视的，但对产品是否进行地理标志注册则没有明显的偏好，仍然有超过三分之一的公司的产品没有任何认证，侧面反映出公司不仅对这些产品认证了解不够深刻，并且也不够重视。

3. 农业龙头企业在品牌方面的情况

37家公司的名牌农产品情况中，32%的公司是省级名牌，46%是市级名牌，8%是贴牌，还有19%没有品牌；在是否设立了品牌管理职能部门上，只有11%的公司有专门的品牌管理部门，46%的公司设立了兼职品牌管理的部门，43%的公司则没有设置明确的品牌管理部门和职能；在公司为产品命名的方面，35%的公司选择用产地名称命名，38%的公司采用企业名称，5%的公司采用企业创始人或著名人物，24%的公司采用独创名称，11%没有品牌名称；31%的公司将农产品定位为高档农产品，57%的公司定位在中档农产品，12%的公司定位在低档农产品；在品牌战略上，产品与公司采用统一品牌的占46%，在一种产品中标注公司品牌也标注产品品牌的占32%，同类产品采用多个品牌的占8%，不同类产品采用不同品牌的占19%，没有品牌战略的占5%；在生产农产品使用的标准上，有41%的公司采用了国家标准，11%采用地方标准，22%采用行业标准，30%采用企业标准，3%没有具体标准；公司的品牌推广计划上，49%的公司是长期品牌计划，27%的公司是中期品牌计划，11%的公司是短期品牌计划，22%的公司三者兼有，只有5%的公司没有品牌推广计划；在品牌维持上，51%的公司采用产品保证措施，76%的公司采用质量管理，38%的公司采用广告宣传，8%的公司采用促销、公关等其他方式，只有3%的公司没有品牌维系；在品牌保护策略上，86%的公司采用注册商标的方式，35%的公司采用申请专利，3%的公司采用打击假冒侵权，5%的公司采用企业保密制度，另有3%的公司没有采用具体措施；在品牌创新的有效性上，78%的公司认为产品创新有效，49%的公司认为技术创新有效，认为品牌延伸及品牌本身的创新有效的各占14%，22%的公司认为营销创新有效，30%的公司认为服务创新有效；35%的公司在近年品牌建设中研发投入是最高的，49%的公司是生产设备方面投入最高，在广告宣传及销售服务上均有19%的公司投入最高，在销售渠道商投入最高的有30%的公司，另有8%的公司投入最高的是在其他方面。

从农业龙头企业在品牌方面的基础统计数据中，可以发现其在品牌方面具有如下特征。

（1）缺乏全国性的品牌农产品做引领，公司对品牌管理的重视程度不足。

（2）统计显示，龙头企业负责人认为品牌建设对公司的发展具有重要作用，得分介于决定作用与重要作用之间，只有一家公司认为品牌建设对公司发展完全没有作用。

（3）农产品的品牌命名主要以产地及企业名称为主，少部分公司采用独创品牌的方式命名，同时也有一部分企业没有品牌名称，品牌定位上，88%的公司将农产品定位在中高档农产品。

（4）从品牌战略的使用情况来看，以公司及产品统一品牌战略为主，品牌延伸战略及多品牌战略使用较少。

（5）生产农产品的标准以国家标准和企业标准为主，辅之以行业标准及地方标准。

（6）公司的品牌推广计划以中长期品牌计划为主，部分公司兼有长、中、短三期。

（7）公司的品牌维持措施集中在质量管理、产品保证及广告宣传方面。

（8）在品牌保护上，绝大多数公司采用了注册商标与申请专利的方法来防止自己的品牌受到侵犯。

（9）在品牌创新的有效性上，调查结果表明农业龙头企业以产品创新及技术创新有效为主，其次是服务创新，再次是营销创新，最后是品牌延伸及品牌自身创新。

（10）农业龙头企业近年在品牌建设中投入依百分比顺序从高到低依次是生产设备、研发、销售渠道、广告宣传与销售服务、其他。

后　　记

　　本书完成历时较长，2009年得到贵州省省长基金项目"龙头企业培育与贵州农业产业化发展研究"支持，2010年又得到贵州省科技厅软科学联合项目"传统农区农业组织变迁与农业效率研究"支持。在上述两个项目的资助下，本书得以顺利完成。因此，对以上两个项目的资助表示深深的谢意！在有关问题的研究过程中，陈劲松、孙浩翔、熊洋、孙永菊、潘超云、魏锦从构思、调研到完成，投入了大量的时间、精力，对他们的辛勤付出，在此一并表示感谢！

　　万文倩、王友春在资料搜集、文献整理、书稿成形等方面做了许多工作，何容对参考文献的标注、书稿目录、章节间的衔接、文字校对等方面也做了大量工作，科学出版社有关编辑对于本书的出版给予了极大的热情和支持，在此表示由衷的敬意！

　　本书可能存在不足之处，敬请批评指正！

徐大佑　汪延明

2016年2月2日